창의폭발 엄마표
창의왕 수학놀이

머리말

엄마의 작은 관심으로
아이의 평생 수학이 달라질 수 있습니다

많은 엄마들이 아이가 태어나면서부터, 아니 태교 때부터 책과 친하게 해 주고자 아이의 발달 단계에 맞춰 책을 사고 재미있게 읽어 주며 독서 환경을 만들어 주고자 정성을 기울입니다. 또, 영어 조기교육의 중요성을 강조하며 재미있는 영어책과 영어노래, 다양한 액티비티를 통해 영어 환경에 노출시키고자 노력하는 모습도 흔히 접할 수 있습니다.

그런데 정작 학습에 있어 가장 중요하고 어렵다고들 하는 수학은 왜 어릴 때부터 '수학적 환경'을 만들어 주지 않는 걸까요? 수학도 영유아기부터 일상생활에서 자연스럽게 노출시켜 주면 아이들이 참 쉽고 재미있게 받아들일 수 있을 텐데요.

아이와의 일상을 한 번 생각해 보세요. 과자나 피자를 나눠 먹는 것도, 엘리베이터를 이용하는 것도, 슈퍼에서 돈을 내는 것도, 달력을 보고 날짜나 요일을 확인하는 것도 모두 수학입니다. 그뿐인가요? 빨래를 서랍 속에 색깔별, 종류별로 정리하는 것, 식사 시간에 가족 수만큼 숟가락, 젓가락을 놓는 것, 키나 몸무게를 재는 것 역시 너무나 수학적인 행동입니다. 한마디로 우리의 일상생활에는 이미 초등수학 5대 영역의 기본 개념이 모두 포함되어 있습니다. 따라서 아이가 생활 속에서 수학을 발견할 수 있도록 엄마가 적절한 '자극'에다 조금의 '재미'만 더해 주면 수학뿐만 아니라 모든 공부를 즐기며 신나게 하는 아이로 키울 수 있습니다.

입시학원에서 수학을 포기했다고 말하는 중고등학생들을 정말 많이 만났습니다. 세상에 태어나 수학이라는 것을 처음 접한 것이 5, 6세 무렵이고 학습지로 초를 재어 가며 수학 연산문제를 풀어 수학이 질려 버렸다고 말하는 아이들… 그 긴 시간 동안 수학을 공부하면서도 난 한 번도 수학의 재미를 느껴 보지 못했다는 아이들의 말은 너무나 가슴을 아프게 하는 고백이었습니다.

하지만 저희 집에서 수학은 늘 즐거운 놀이였습니다. 막히는 차 안에서도 자동차 번호판으로 사칙연산에 괄호까지 써서 10, 100, 1000을 만드는 놀이를 하다 보면 어느새 목적지에 도착해 있었습니다. 다리 아픈 계단을 오를 때도 가위바위보 놀이로 우리 집만의 규칙을 적용해 신나게 놀다 보면 어느새 꼭대기까지 올라와 있는 겁니다. 이렇듯 아이와의 일상생활이 즐거운 수학놀이가 되었습니다. 그렇게 놀다 보니 첫째아이와 둘째아이 모두 선행학습은커녕 수학 문제집도 별로 풀지 않았지만 2010년과 2012년, 2013년 나란히 교육청 수학영재에 합격하는 기쁨도 덤으로 얻을 수 있었습니다. 덤이 좀 크죠?^^

그런데 합격 소식보다 저를 더 기쁘게 하였던 건 둘째아이가 교육청 수학영재 합격 발표가 났을 때 제게 해 준 이 말이었답니다.

"엄마, 저를 이렇게 키워 주셔서 고마워요. 어릴 때는 그저 즐겁고 재미있는 놀이였는데 그 모든 게 수학이란 걸 초등학교 들어가서 알았어요. 엄마 딸로 태어난 게 너무 좋아요."
그때 들었던 이 최고의 찬사를 저는 평생 잊지 못할 것 같습니다.
또한 지난 7년간 푸름이닷컴을 통해 '생활 속 수학놀이'를 강연하며 만난 전국의 푸름이닷컴 회원님들이 자녀들의 수학 영재원 합격 소식을 전하며 감사의 말을 건네 주실 때도 감격스러운 마음을 금할 수가 없습니다.
이를 통해 저는 다시 한 번 확신할 수 있게 되었습니다. 유아기의 수학놀이는 단순히 수학공부에만 그치지 않고 아이에게 평생 간직할 수 있는 엄마와의 좋은 추억을 선물한다는 것을요. 엄마의 작은 관심으로 아이의 일생이 바뀔 수도 있습니다. 세상의 모든 엄마와 아이들에게 수학이 즐겁고 신나는 과목이라는 것을, 평범한 일상이 행복한 수학놀이라는 것을 알게 해 드리고 싶습니다. 3, 4세만 되면 지나가는 버스, 자동차 번호판을 보며, 엘리베이터 층수를 누르며 자연스레 더하기, 빼기를 하고, 길거리의 간판과 건물들을 보며 패턴과 형태, 도형들을 익혀 나가는 아이들의 빛나는 눈동자를 이 세상 모든 엄마들이 보았으면 좋겠습니다.

이 세상에 좋은 심성과 좋은 여건을 가진 훌륭한 부모들이 많은데도 나의 딸, 아들로 태어나준 수민, 지민, 무건이에게 무한한 감사와 사랑을, 그리고 영원한 나의 편인 남편 진승일 씨에게도 감사를 드립니다. 사진 찍기 힘들었을 텐데 수학놀이가 재미있다며 흥겹게 촬영에 임해 준 우리 꼬마 모델들 고맙고 사랑합니다. 출판에 많은 도움을 주신 로그인출판사의 안현진 과장님 정말로 고맙습니다. 저의 존경하는 '육아 멘토'이자 저를 '육아 동지'로 불러 주시는 푸름이 부모님 최희수 님, 신영일 님 감사드립니다. 영원한 육아 동지로 살아가겠습니다.

마지막으로 따뜻한 마음으로 저의 예민한 성격 다 받아 주시고, 육아에서 기다림이 무엇인지, 진정한 사랑이 무엇인지를 알게끔 키워 주신 부모님께 가슴 깊이 감사드리며 무한한 사랑을 드립니다. 사랑합니다.

경북 경산에서 류진희

사진모델 : 류승재, 장성혁, 김도윤, 김동건, 김지유, 김서현, 김윤아, 김나연, 이다율, 김지원, 김동규

이 책을 먼저 접한
초등학교 선생님들의 추천평

아이들이 초등 수학에서 꼭 해 봐야 할 것은 '수학은 흥미로운 것'이라는 경험입니다. 특히 초등 저학년까지는 구체적 조작의 시기이기 때문에, 손으로 만져 보고, 눈으로 익히고, 직접 조작해 보는 체험을 많이 해 봄으로써 온몸으로 터득하는 활동을 많이 경험해 보아야 합니다. 이 책은 엄마들이 자녀에게 수학을 흥미롭게 접근시킬 수 있는 노하우가 소중히 녹아 있는 책이라 참 고맙습니다. 엄마와 재미있게 놀면서 수학을 배운 아이는 수학은 참 즐거운 것이라는 인식을 가지게 되며, 이는 고학년에 갈수록 수학을 좋아하는 아이로 자라는 밑거름이 됩니다. 이 책을 통해 많은 아이들이 단순히 지식만 많이 쌓은 똑똑한 아이가 아니라 자신만의 독창적인 아이디어를 내고 이를 실생활에 접목할 줄 아는 창의적인 인재로 성장해 나가게 되기를 기대하는 바입니다.

— 이종현(정평초등학교 교장)

많은 학부모님들이 '수학 교육' 하면 암기나 문제풀이를 가장 먼저 떠올리시겠지만, 21세기의 국제 경쟁 사회는 글로벌 인재를 필요로 하는 만큼 교육 현장에서는 융합인재교육 STEAM이 대두되고 있습니다. '융합인재교육'이란 과학 Science, 기술 Technology, 공학 Engineering, 예술 Art, 수학 Mathematics이 융합되어 창의적인 또 다른 하나의 어떤 것을 생성하는 것입니다. 이에 발맞추어 초등 수학 교과서 역시 '스토리텔링' 형으로 바뀌는 등 초등학교 수학이 실생활에 밀착된 사고력 중심으로 교육 과정이 바뀌고 있습니다. 〈엄마표 창의왕 수학놀이〉는 이러한 교육 현장의 변화를 제대로 반영한 책으로, 유아들이 엄마와 함께 친숙한 분위기의 가정에서 쉽게 접할 수 있는 생활의 일부분을 놀이화하여 수 개념을 형성하고 보수, 덧셈, 뺄셈은 물론, 수 비교, 규칙, 분수, 홀수, 짝수, 공간과 도형까지 익힐 수 있게 한 놀라운 책입니다. 복잡한 수학을 설명하기보다는 일상과 접목시켜 수학적 사고력을 신장시키는 흥미로운 과정이기에 적극 추천합니다.

— 박명숙(정평초등학교 수석교사)

요즘 우리 어린이들은 어릴 때부터 학습지를 통한 연산 반복 학습으로, 수 개념은 제대로 알지 못한 채 마치 계산기처럼 계산 능력만 기르고 있는 게 현실입니다. 하지만 수학은 기호와 공식을 암기하는 방법이 아니라 다양한 상황에서의 수학적 경험을 통해 개념을 이해하는 것이 가장 중요합니다. 또한 현재 수학 교육은 창의적인 인재를 요구하는 미래상에 맞춰 생각하는 힘을 키우는 수학, 탐구력과 창의력을 길러 실생활에 응용할 수 있는 방향으로 발전하고 있습니다. 실제로 초등 수학 교과서는 단순한 연산의 범주에서 벗어나 사고력, 탐구력, 창의력을 기르고 실생활에 응용 가능하도록 편성되어 있습니다. 따라서 저는 수학을 처음 접하는 아이들이 생애 첫 수학으로 연산 학습지가 아니라 이 책 〈엄마표 창의왕 수학놀이〉에 소개되는 다양한 생활 속 수학놀이를 통해 수학적 개념을 자연스럽게 만날 수 있게 되기를 간절히 바라 봅니다.

— 이은희(대구중앙초등학교 교사)

우리나라 학생들의 수학에 대한 학업 성취도는 높지만 수학에 대한 흥미도는 꼴찌 수준이라고 합니다. 초등학교 교실에서도 '수학을 흥미롭게 접근하는 아이들'과 '선행 학습에 짓눌린 아이들'의 수학에 대한 흥미도는 심한 차이를 보이는 것이 사실입니다. 그리고 수학에 대한 낮은 흥미는 고학년이 되면 수학을 싫어하고 노력한 만큼 성적도 오르지 않는 형태로 나타납니다. 이에 수학 교육과정도 문제를 해결하고 수학을 통해 의사소통하며 추론하는 과정과 창의성을 강조하는 형태로 수학 교육과정 또한 변화하고 있습니다. 그렇다면 아이들의 수학 흥미도를 어떻게 하면 높여 줄 수 있을까요? 저는 '엄마표 수학놀이'에 그 해답이 있다고 믿습니다. 아이가 엄마와 함께 생활 주변에서 쉽게 접할 수 있는 소재를 가지고 놀이로 접하는 수학은 분명 흥미롭습니다. 만지고 세어 보는, 손끝에서 이루어지는 체험 활동은 우리 아이들에게 생각하는 힘을 길러 주며 이들을 창의적인 인재로 자라게 합니다. 쉽게 이해하고 재미있게 배우는 수학 놀이를 통해 생각하는 힘을 자녀에게 길러 주고 싶은 엄마들에게 이 책을 강력 추천합니다.

— 류금희(금락초등학교 교사)

이 책을 먼저 접한
학부모 및 학원 선생님들의 추천평

엄마들에게 '수학'이란 존재는 어렵기만 합니다. 내 자식만큼은 나와 다르게 '수학을 재미있게 즐기는 아이'로 키우고 싶지만, 즐겁게 놀아 본 적이 없는 수학에 대한 공포가 오래도록 엄마들의 발목을 잡습니다. 그런 평범한 엄마들에게 이 책은 '즐거운 수학'으로 아이를 이끌 수 있는 확실한 길잡이가 되어 줄 것이라 확신합니다. 특별한 교구 없이도 언제, 어디서나 쉽고 간편하게 생활 속에서 할 수 있는 수학놀이가 이렇게나 많이 나와 있으니까요. 수학, 알고 보니 참 쉬운 녀석이었네요.^^

— 정은영(6세 김지유, 9세 김재민, 13세 김재협 세 아이맘)

민이럽 님과 수학 모임을 함께 하면서 아이들과 수학을 놀이로 즐길 수 있다는 사실을 알고 그야말로 신세계가 열리는 느낌이었습니다. 모임을 통해 재미난 수학 게임과 일상 생활에서 수학을 접목할 수 있는 방법들을 많이 알게 되었죠. 아이들과 노는 것이 힘들었던 엄마인데 게임에 필요한 것들을 아이들과 함께 준비하고 함께 게임을 하니 어느새 제가 '재미있는 게임 해 주는 엄마, 함께 해 주는 엄마'로 여겨지고 있더군요. 그리고 아이들과 수학 놀이를 함께 하면서 아이들을 더 많이 이해하게 되고, 더 많이 소통하게 되고, 더 많은 추억을 쌓을 수 있었어요. 지금도 저희 아이들이 수학을 따분한 공부가 아니라 즐기는 모습을 볼 때 흐뭇해요. 민이럽 님, 감사해요.

— 황순병(닉네임 뚝시미, 9세 원형주, 12세 원채령 자매맘)

놀이마다 실제 사진이 상세하게 나와 있어서 아이들과 잘 놀 줄 몰랐던 놀이 초보 엄마인 저에게는 참 감사한 책입니다. 무심코 넘어갈 수 있는 우리의 일상 생활 하나 하나가 다 수학이란 걸 이 책을 통해 알게 되었습니다. 쉽고, 간단하게 수학 개념을 배우고 가르칠 수 있어서 아이들 눈높이뿐만 아니라 엄마들의 눈높이에도 딱 맞는 책입니다.

— 노은정(8세 김지민, 11세 김지안 남매맘)

'어떻게 하면 수학 좋아하는 아이로 키울까?' 하는 엄마들의 고민을 말끔히 씻어 주는 책입니다. 책을 보는 내내 가슴이 뛰고 얼른 아이와 놀이를 하고 싶어지는 이 기분! 아이들에게 일상생활 속에서 엄마와의 놀이보다 더 좋은 교재와 교구가 있을까요? 언제 어디서나 주변에서 찾을 수 있는 구체물로 엄마와 함께 하나씩 따라해 본다면 우리 아이들의 수학 첫 발걸음이 너무나 즐겁고 행복할 것 같습니다. 놀면서 수학적 사고력이 차곡차곡 쌓일 아이를 생각하니 이런 책을 만날 수 있음에 너무 감사합니다.

— 이나영(11세 심재환·심예지 쌍둥이맘)

자칫 지루할 수 있는 수학을 '게임'과 '놀이'로 흥미를 유발하여 엄마와 아이가 함께 재미있고 즐거운 시간을 보낼 수 있게 하는 '비타민' 같은 책입니다. 유아기의 아이들은 호기심 덩어리이기에 눈에 보이는 것은 무엇이든 만져 보아야 하고, 직접 해 보아야 하며 몸으로 부딪혀 보아야 합니다. 그런 아이들의 심리 상태까지 세심히 반영하여 놀이로 이끌며 수학까지 덤으로 얻는 이 책은 수학을 어려워하는 많은 엄마들에게 단비와 같은 책이 될 것입니다.

— 김애경(경산 에듀케어어린이집 원장)

요즘 놀이 수학에 대한 엄마들의 관심이 높습니다. 하지만 큰맘 먹고 구입한 값비싼 수학 교구들은 교구장에 예쁘게 진열된 채 거실 한쪽에서 먼지만 쌓여가는 경우가 많습니다. 그 이유는 생각 외로 아이와 놀 줄 모르는 엄마들이 너무나도 많기 때문입니다. 수학을 떠나 아이와 어떻게 놀아야 할지 몰라 쩔쩔매는 순간들이 많지요. 이 책은 아이와 노는 일이 고민인 모든 엄마들에게 참 반가운 책임에 틀림없습니다. 이 책에는 중고등부 인기 수학강사였던 저자가 세 자녀를 키우며 생활 속에서 흔히 볼 수 있는 물건들을 이용해 수학 놀이를 즐겼던 수학적, 육아적 지혜가 고스란히 담겨 있습니다. 오늘부터 하나씩 차근차근 아이와 함께 놀면서 즐겁고 재미난 수학, 소중하고 행복한 육아를 경험하시기 바랍니다.

— 홍윤아(창의사고력수학 지니매쓰 본원 원장)

수학, 왜 놀이로 익혀야 할까요?

문제집 죽자고 풀어도
'수학 좋아하는 아이'는 이길 수 없다!

지겨운 연산 학습지가 수학과의 첫 만남? 엄마표 놀이로 수학 좋아하는 아이로 키우세요

요즘 아이들은 4, 5세 때 연산 학습지를 시작하고 6, 7세면 영재수학 학원을 기웃거리는 등 수학도 조기교육이 심화되는 모습입니다. 하지만 단순 반복 위주의 연산 학습지를 너무 일찍 시작하면 자칫 수학에 흥미를 잃게 만들 수 있습니다. 수학에 대한 흥미가 낮아지면 수학을 가장 싫어하는 과목, 가장 재미없는 과목으로 인식하게 되고, 이러한 인식을 내버려두면 초등 5학년만 올라가도 수학을 포기하는 이른바 '수포자'의 길로 들어서게 됩니다. 수학, 빠르게 가려면 학습지를 풀리고, 멀리 가려면 놀이를 통해 '수학 좋아하는 아이'로 키우세요.

수학이 두려운 수학꽝 엄마도 내 아이를 1% 수학영재로 만들 수 있습니다

유아 및 초등 저학년까지의 아이에게 수학을 가르치기 위해 꼭 엄마가 수학을 잘할 필요는 없습니다. 초등 입학전 학부모라면 수에 대한 개념을 익히고 수학에 거부감을 갖지 않도록 해 주는 것이 가장 중요합니다. 아이가 충분히 자르고, 만지고, 만들고, 그리면서 생활 속에서 수학을 발견하고 재미있게 수학을 배울 수 있는 '수학적 환경'을 만들어 주세요. 하루 10분 엄마표 수학놀이면 값비싼 수학 교구나 영재원 수업 없이도 충분히 내 아이를 상위 1%의 수학영재로 길러낼 수 있습니다.

확 바뀌는 초등 수학 준비도 '엄마표 수학놀이'가 정답입니다

수학교육이 확 바뀐다고 합니다. '수학교육 선진화 방안'이니 '스토리텔링 수학'이니 STEAM 교육이니 하는 낯선 용어들에 불안하시다고요? 불안해 하지 마세요. '수학교육 선진화 방안'은 한마디로 '공식과 문제풀이 위주로 구성된 수학을 실생활에서 도움이 되는 수학으로 바꾸겠다'는 것인데, 이는 생활에서 놀이를 통해 수학을 가르치는 '엄마표 수학놀이'의 방향과 완벽하게 일치합니다. 새롭게 바뀌는 수학, 엄마표가 정답입니다!

수학놀이, 이렇게 놀아 주세요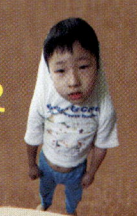

값비싼 교구 없이도 하루 10분
수학놀이면 우리 아이도 수학영재!

엄마가 수학을 두려워하면 아이도 수학을 싫어합니다

아이는 엄마의 생각에 큰 영향을 받습니다. 엄마가 수학을 '어려운 것, 하기 싫은 것'이라고 생각하고 행동하면 아이도 수학 공포증을 그대로 물려받습니다. 반대로 엄마가 수학을 '재미있는 것, 일상적인 것'으로 생각하고 즐겁게 놀이로 접하게 해 주면 아이는 '공부'라는 인식 없이 수학을 '만만한 것, 즐거운 것, 또 하고 싶은 것'으로 여기게 됩니다. 그리고 이러한 태도는 훗날 어려운 수학 문제를 풀 때도 여러 가지 방법으로 문제를 해결하고자 하는 과제 집중력과 문제 해결력으로 이어지는 밑거름이 됩니다.

아이가 원할 때 눈을 맞추고 놀아 주세요

아이 교육, 늘 걱정되시죠? 하지만 걱정 마세요. 아이들은 '놀이'가 가장 큰 '공부'입니다. 애 키우랴, 살림하랴 늘 바쁜 일상이지만 아이가 놀아 달라고 할 때 하루 10분만 그 눈을 맞추고 놀아 주세요. 하루 3번, 3분의 양치질이면 아이의 건강한 치아가 유지되는 것처럼, 매일 10분씩만 꾸준히 수학으로 놀아 주면 세상 모든 아이들이 '수학 좋아하는 아이'로 자랄 수 있습니다. 또한 엄마와 눈 맞춰 놀아 본 아이의 눈은 세상에 대한 호기심으로 빛나며, 세상을 향해 두려움 없이 도전하는 자신감 있는 아이로 자랍니다.

아이가 원하는 놀이를 찾아 놉니다

이 책에는 엄마가 생활 속에서 손쉽게 해 줄 수 있는 77가지 생활 속 수학놀이가 소개되어 있습니다. 아이마다 좋아하는 놀이가 다를 수 있어요. 엄마가 가르치고 싶은 개념이 담긴 놀이를 강요하지 마시고, 아이가 넘겨 보며 재미있는 놀이를 몇 가지 선택하게 해 주세요. 모든 놀이를 다 해 봐야지 하고 생각하실 필요도 없습니다. 77가지 놀이 중 엄마가 힘들지 않고 할 수 있는 몇 개의 필살기 놀이를 선택하셔서 그것만 반복해 주셔도 괜찮습니다. 아이가 재미를 느끼고 있다면, 수학 개념은 반복해서 익힐수록 좋습니다.

Contents

머리말 •4
추천평 이 책을 먼저 접한 초등학교 선생님들의 추천평 •8
이 책을 먼저 접한 학부모 및 학원 선생님들의 추천평 •10
수학, 왜 놀이로 익혀야 할까요? •12
수학놀이, 이렇게 놀아 주세요 •13

PART 1
수 놀이

수 영역, 이것만은 꼭! •20

수 개념이 활짝 피어나는
수학 꽃꽂이하기 4세 이상 •22

빨랫줄 하나면 수학 끝!
숫자빨래 걷기 5세 이상 •24

자동차가 몇 대니?
빵빵 차가 막혀요 4세 이상 •26

열광적인 수학놀이!
볼링놀이 5세 이상 •28

교구가 뭐 별건가요?
숫자5 만들기 5세 이상 •30

신나고 맛있는 수학!
과자 따먹기 4세 이상 •32

스티커를 사랑한 수학!
5보수 세모 만들기 4세 이상 •34

5보수 기차놀이
숫자도미노게임 6세 이상 •36

뒤집다 보면 어느새 숫자박사!
카드 뒤집기 5세 이상 •38

콩 열 형제의 모험
검은콩이 삼천포로 빠져요 6세 이상 •40

단순해도 재미는 최고!
어느 것이 더 클까요? 6세 이상 •42

짝꿍이 없는 수, 있는 수
홀수 짝수 빨래집게 5세 이상 •44

홀수짝수 개념의 레전드
추억의 짤짤이 게임 7세 이상 •46

숫자 10의 발견
과자 목걸이 만들기 4세 이상 •48

안 사고는 못 배긴다!
재산목록 1호 정리하기 6세 이상 •50

으쓱으쓱 어제와 다른 나!
두 자리 수를 알아요 6세 이상 •52

0보다 작은 수
음수·양수 알기 6세 이상 •54

나는야 백설공주
사과를 먹으면 예뻐져요~ 6세 이상 •56

나눠 먹으면 금방 배워요
분수 피자 만들기 7세 이상 •58

거꾸로 생각해야만 알 수 있는 •60
님 게임 6세 이상

PART 2 분류 놀이

분류 영역, 이것만은 꼭! ●64

무엇이 무엇이 똑같을까?
양말 짝 찾기 4세 이상 ●66

구분 능력이 쑥쑥 자라는
콩나물 다듬기 4세 이상 ●68

붙고 안 붙고 기준이 뭐지?
자석 분류 5세 이상 ●70

경제 관념을 길러 주는
동전 분류하기 6세 이상 ●72

노랗고 동그란 것은 어디?
도형 매트릭스 1 4세 이상 ●74

도형과 상상력의 만남
도형 매트릭스 2 4세 이상 ●76

환경 사랑 수학 사랑
재활용쓰레기 분리수거 4세 이상 ●78

과학과 수학의 만남
반짝반짝 꼬마전구 6세 이상 ●80

PART 3 측정 놀이

측정 영역, 이것만은 꼭! ●84

누가 누가 클까요
신체검사놀이 5세 이상 ●86

멀리멀리 날아라
종이비행기 3세 이상 ●88

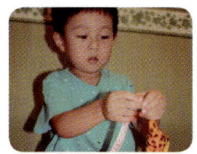
재 본 만큼 잘 푼다!
줄자로 놀기 4세 이상 ●90

'시간'과 '시각'을 익혀요!
오래오래 버티기 4세 이상 ●92

적의 침입을 막아라!
모래사장 요새놀이 4세 이상 ●94

초콜릿을 입은 수학!
쿠키 만들기 5세 이상 ●96

천석지기 만석지기
내 땅이 더 넓어요 6세 이상 ●98

튕기면 내 나라
광개토대왕 땅따먹기 6세 이상 ●100

순서대로 얹어요
카나페 만들기 5세 이상 ●102

PART 4
연산 놀이

연산 영역, 이것만은 꼭! ●106

5개만 먹을래요
과일 배달하기 4세 이상 ●108

몇 마리나 낚았나요?
5의 보수 낚시놀이 3세 이상 ●110

덧셈을 낚자!
덧셈박사 바다낚시 5세 이상 ●112

온몸으로 배우는 수학
고리 던지기 4세 이상 ●114

나의 점수는 몇 점?
다트 놀이 4세 이상 ●116

연산이 반짝반짝
보석 모으기 6세 이상 ●118

진지한 눈빛광선
알까기 덧셈뺄셈 6세 이상 ●120

옆으로 갈까, 위로 갈까?
가로세로 이동게임 7세 이상 ●122

백두에서 한라까지
대한민국 수학투어 5세 이상 ●124

오늘 20개국만 돌아볼까?
세계일주게임 5세 이상 ●126

주사위를 굴려라!
주사위왕 선발대회 6세 이상 ●128

무엇이 무엇이 똑같을까?
숫자카드 연산게임 7세 이상 ●130

밤에 5분 놀 때 최고!
5개의 주사위를 던져라 6세 이상 ●132

장사도 대박! 계산도 대박!
시장놀이 6세 이상 ●134

예산이 초과됐어요!
경제활동 생일파티 5세 이상 ●136

잘 나오는 수 따로 있다!
엄마를 이길 확률 6세 이상 ●138

PART 5
공간·도형 놀이

공간·도형 영역, 이것만은 꼭! ●142

채소의 변신은 무죄!
채소 도형 무지개 3세 이상 ●144

추억의 인기게임!
청기 올려! 백기 올려! 5세 이상 ●146

도형의 거울 보기
신데렐라의 유리구두 만들기 4세 이상 ●148

한 번만 더!
꼭꼭 숨어라 머리카락 보일라! 3세 이상 ●150

도형에 강해지는
색종이 선대칭 오리기 5세 이상 ●152

같지만 달라요
거울아 거울아~~ 5세 이상 ●154

조물조물 싹둑
원기둥 옆구리 자르기 4세 이상 ●156

지오보드 놀이 후엔
점점점 다각형 그리기 5세 이상 ●158

삼각형 나와라 뚝딱!
뽀족뽀족 이쑤시개 도형나라 5세 이상 ●160

이리 보고 저리 보고
나는야 사진사 6세 이상 ●162

내가 해냈어!
아슬아슬 막대 쌓기 6세 이상 ●164

아빠와의 두뇌싸움
바둑알 체스 6세 이상 ●166

PART 6
수학교구 놀이

수학 교구, 이것만은 꼭! ●170

마법의 7조각
칠교 만들기 5세 이상 ●172

같은 도형 만들기
칠교놀이 1 6세 이상 ●174

상상력이 쑥쑥 자라는
칠교놀이 2 6세 이상 ●176

합치면 다른 도형이 된다
패턴블록 도형 만들기 4세 이상 ●178

나만의 작품세계
패턴블록 아티스트 5세 이상 ●180

정사각형 모여라
미노조각 만들기 6세 이상 ●182

정사각형 5형제!
창의왕자 펜토미노 6세 이상 ●184

신나는 도형나라
지오보드 도형 만들기 4세 이상 ●186

도형의 이동 문제없다!
지오보드로 도형 돌리기 6세 이상 ●188

만들면 원리가 보여요
소마큐브 만들기 6세 이상 ●190

수학천재의 첫걸음
소마큐브로 정육면체 만들기 6세 이상 ●192

예술과 수학의 만남
소마큐브 창의놀이 6세 이상 ●194

PART 1
수 놀이

3세쯤 되면 아이들이 "1, 2, 3, 4, 5…" 하면서 제법 숫자를 줄줄 읽는 듯합니다. 하지만 이때는 앵무새가 말을 따라하듯이 단순한 암기일 뿐, 정확한 수 개념이 잡힌 것은 아니랍니다. 숫자와 사물의 수를 확실히 연결하는 것은 6, 7세쯤에 가능해집니다. 유아 시기의 수 개념 습득은 수의 순서 알기, 수의 모양, 일대일 대응하기, 수와 양의 이해, 수 세기, 숫자 쓰기, 수의 조작 등을 포함합니다. 일상생활에서 사용되는 여러 가지 수와 의미에 관심을 갖고, 사물의 수량을 더해 보고 빼 보는 활동들을 구체적인 경험으로 재미있게 해 보아요.

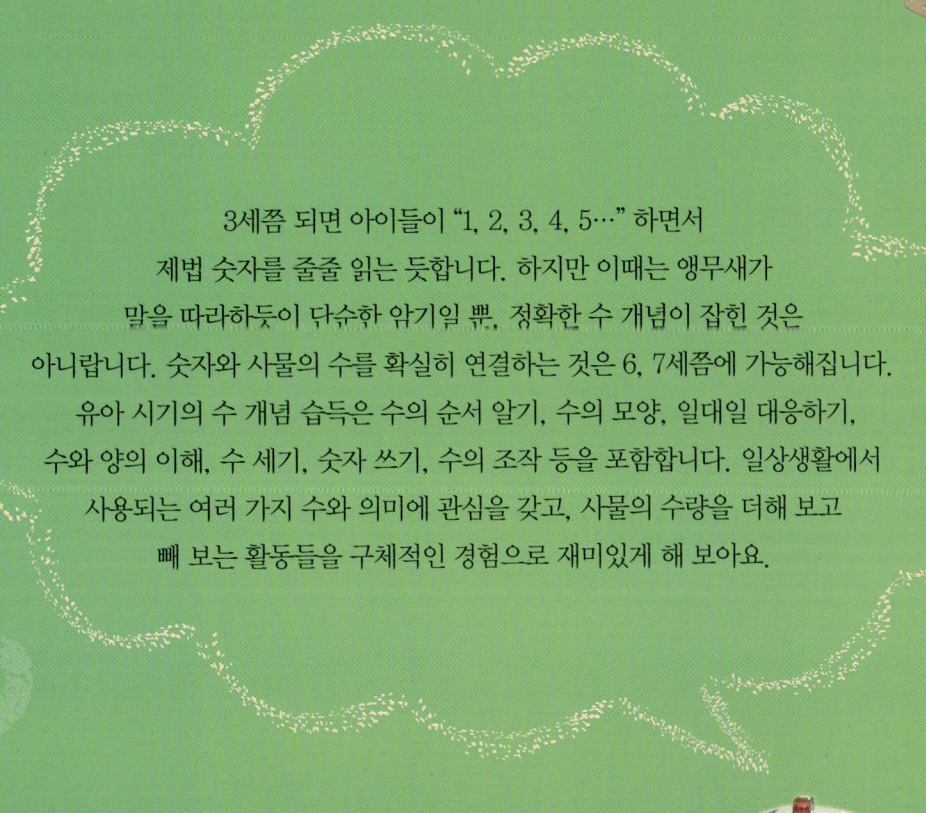

수 영역, 이것만은 꼭!
숫자보다 일대일 대응 개념을 먼저 잡아 주세요

아이들은 1, 2, 3…이란 수학적 기호를 알기 이전에도 이미 수학의 천재들입니다. 1보다 2가 더 큰 수라고 배우지 않아도 사탕을 누나는 두 개, 자기는 하나 받으면 버럭 화를 내잖아요. 이건 분명 '양'의 개념을 알고 있다는 의미죠. 또 형이랑 자기랑 두 명이 있는데 엄마가 사탕을 한 개만 주면 아이는 뭔가 위기의식을 느끼며 항의를 하죠. 엄마가 잘못 주셨다고. 이것 또한 수의 의미를 알고 있다는 증거이며, 더 나아가 분배의 의미까지 섭렵하고 있는 게 아닐까요? 제가 너무 넘겨짚고 있나요? ㅎㅎㅎ

엄마가 눈치 채지 못하는 순간에도 이렇게 아이들은 생활하면서 알게 모르게 수학 공부를 하고 있는 것입니다. 따라서 아이들에게 수학을 가르칠 때는 엄마가 교과서 진도 맞추듯 프로그램대로 가려고 하기보다 자연스럽게 가는 것이 제일 좋습니다. 아이의 눈빛을 읽으면서요. 엄마의 욕심은 기계적인 숙달을 부를 뿐이니 경계하셔야 합니다.

아가들에게 '하나, 둘, 셋…'의 수적인 말이나 '1, 2, 3…'의 수학적 기호를 익히게 하는 것보다 우선 하나하나 사물 인지를 시작할 때부터 하나에 하나가 대응된다는 일대일 대응부터 인지시켜 주는 것이 중요합니다. 일대일 대응은 집합의 기본이며, 함수·수열에서 빠질 수 없는 기초이자 미분 개념의 바탕이 됩니다. 수박을 먹을 때 아빠 한 조각, 엄마 한 조각, 아이 한 조각, 수저 놓을 때도 아빠 숟가락, 엄마 숟가락, 아이 숟가락,

공부할 때도 이건 엄마 연필, 이건 내 연필, 이렇게 한 사람에게 하나씩 대응해 보게 하면서 아이가 일대일 대응을 맛볼 수 있게 해 주세요.

물건의 수량을 세어 보는 것도 일대일 대응입니다.
손가락으로 하나하나 짚어가며 목소리를 크게 하고 세어 보는 거죠. 이때 처음부터 많은 양의 물건을 세다 보면 아이나 엄마나 진이 다 빠집니다. 그러니 첫 시도는 2 내지 3 정도로만 하시고, 한동안은 '5까지의 수'로 한정지어 세는 게 5의 보수 개념을 익히는 데도 도움이 된답니다.(그렇다고 아이들이 그 이상의 수를 궁금해하는데 무조건 안 된다고 하실 필요는 없어요.^^) 아이들이 수를 세다 보면 "하나, 둘, 다섯, 넷, 셋!" 식으로 순서를 바꿔 말할 때도 있어요. 이건 대부분 말을 한창 배울 때라 언어적인 순서가 헷갈리는 경우이니 괘념치 마세요.

물건을 셀 땐 항상 같은 순서대로만 세지 마시고요, 오른쪽부터 시작해서 세어 보기도 하고, 왼쪽부터 시작해서 세어 보기도 하고, 뒤죽박죽으로 세어 보기도 하게 해 주세요. 어떤 순서라도 겹치지 않게만 세면 됩니다. 요것도 많이 경험하게 해 주시는 게 좋은데, 왜냐하면 이건 나중에 덧셈을 할 때 교환 법칙이 성립된다는 데 기초가 됨직한 녀석이거든요. 즉, 수를 세는 것도 하나씩 커져가는 것이니 덧셈의 기초인데요, 순서를 무시하고 마구잡이로 세어 보는 건 더하기 할 때 '교환 법칙'(앞뒤 순서를 바꾸어 더해도 결과는 같다는 법칙)과도 분명히 상관있다고 주장하는 바입니다.

수 개념이 활짝 피어나는 수학 꽃꽂이하기

수세기놀이 4세 이상

집안 분위기를 환하게 해 주는 꽃은 엄마는 물론, 아이들도 참 좋아한답니다. 아름다운 꽃과 함께 수학 꽃도 활짝 피워 볼까요? 꽃꽂이를 하면서 수학의 가장 기초인 '수 익히기'를 배워 보아요.

놀이 목표
- 수의 일대일 대응
- 5까지의 수
- 수를 세는 단위

교과 연계
- 5까지의 수

준비물
- 꽃 5송이
- 요구르트병 5개

이 놀이는요~

사물과 수의 1:1 대응은 수의 기초이죠. 대부분의 3, 4세 이전의 아이들은 꽃 3송이를 보고 "하나, 둘, 셋" 하고 말하고 "몇 송이니?" 하고 물으면 "다섯 송이" 하고 엉뚱하게 대답하는 경우가 많아요. 정확한 수 개념을 익히기 위해서는 사물과 수의 1:1 대응이 중요하고, 3세 이전부터 사물과 손가락 대응을 많이 해 보는 것이 좋습니다.

1 꽃이 몇 송이 있는지 세어 보게 합니다. '송이'라는 단위도 알려 주세요.

"우리 함께 꽃을 세어 볼까? 꽃을 셀 때는 '송이'라는 말을 써."

2 요구르트병은 몇 개 있는지 세어 보고 스티커를 붙여 보세요.

3 요구르트병에 꽃을 한 송이씩 꽂아 보세요.

4 다 꽂았으면 완성! '만세!'도 한번 불러 보아요.

5 이번에는 수에 대응하는 개수만큼 꽃을 꽂아 보아요.

> **Tip** 작은 일이지만 아이가 잘 완수했으므로 듬뿍 칭찬해 주세요. 아이들 어깨가 아주 으쓱으쓱해집니다.

이렇게도 놀아요

쏟았다 담았다 수개념 반찬통 - 2세 이상

찬장에 보면 굴러다니는 안 쓰는 반찬통 있죠? 그거 절대 버리지 마세요. 돌 무렵이 되면 물건들을 통이나 서랍에 담았다가 쏟았다 하기를 좋아해요. 아이가 장난감 등을 쏟았다 담았다 하며 놀고 있을 때 안 쓰는 반찬통에 숫자 스티커를 붙여 놓았다가 슬쩍 디밀며 말을 거는 거예요.

"엄마는 1이라고 쓰여진 통에는 하나만 담아야지~."
"흐음… 2라고 적혀 있는 통에는 몇 개를 넣으면 좋을까?"

이때 절대 아이에게 시키지 마시고, 그냥 엄마가 말과 행동으로 보여 주면서 은근슬쩍 유도를 하셔야 해요. 그럼 언젠가는 아이도 따라한답니다. 그리고 이런 놀이를 반복하는 사이에 '1은 하나', '2는 둘', '3은 셋'이라는 수와 양의 일대일 대응 관계를 이해해 나가게 됩니다.

빨랫줄 하나면 수학 끝! # 숫자빨래 걸기 〔수개념놀이 5세 이상〕

거실이나 방에 기다랗게~ 기다랗게~ 빨래줄을 매어 보세요. 빨래줄 하나에도 아이들은 '이번엔 무슨 놀이일까?' 한껏 기대하고 엄마를 기다린답니다.

놀이 목표
- 수와 양의 관계
- 5까지의 수
- 같은 수 찾기

교과 연계
- 5까지의 수

준비물
- 빨래줄
- 빨래집게
- 옷 그림
- 스티커
- 숫자카드 (1~5)

이 놀이는요~

'사물의 개수'와 추상적인 기호인 '숫자'를 대응시키는 것은 수학의 가장 기본이지요. '한 개'가 '1'과 같고, '두 개'가 '2'와 같다는 것을 아는 것을 말해요. 처음에는 하나하나 개수를 세지만, 시간이 흐르면 다섯 개 이내의 것들은 한눈에 몇 개인지 알 수 있게 하는 것이 좋습니다.

1 색종이에 예쁜 옷 모양을 그려서 빨래감으로 준비해 주세요.

2 옷 모양에 아이와 함께 스티커를 붙여서 수량을 나타내 보아요.

3 신나게 빨래를 널어요. 숫자 순서대로 널어도 좋고, 아이 마음대로 널어도 좋아요.

4 자, 이제부터 게임 시작입니다. 모두 책상 위에 펼쳐 놓은 숫자카드 중에서 한 장을 뽑으세요.

5 숫자를 큰 소리로 말하고 같은 개수의 스티커가 붙어 있는 빨래를 찾으러 가요.

6 숫자와 스티커 개수가 같은지 확인합니다. 여러 명이 한다면 숫자카드가 있는 책상까지 먼저 도착한 사람에게 1점을 줍니다. 점수가 많은 사람이 이깁니다.

> **Tip** 스티커 개수와 숫자를 매치하는 것은 5세는 되어야 가능하게 됩니다.

이렇게도 놀아요

볼풀공 담기

아이들은 욕조에서 놀기를 아주 좋아하지요. 하루 종일 욕조에서 놀자고 할 때도 있어요. 욕조 한가득 물 반, 볼풀공 반을 넣어 주고 볼풀공 퍼나르기를 해 보아요. 바가지 한가득 담은 공은 몇 개인지 세어 보기도 하고, 바구니를 가득 채우려면 바가지에 몇 번 퍼날라야 하는지도 세어 보아요. 한 번, 두 번, 세면서 수 인지가 바로 돼요.

자동차가 몇 대니? **빵빵 차가 막혀요** 수세기놀이 4세 이상

남자아이들은 자동차라면 정말이지 죽고 못살죠? 오늘은 좋아하는 자동차로 원 없이 놀게 해 주자고요.
물론 수학의 깊은 뜻이 숨어 있으니 엄마의 목적도 달성된답니다.

놀이 목표
- 사물의 개수 세기
- 5까지의 수
- 수를 세는 단위

교과 연계
- 5까지의 수

준비물
- 장난감 자동차 5대
- 숫자 스티커

이 놀이는요~

하나, 둘, 셋 하면서 사물의 1:1 대응을 하다 보면 저절로 사물의 개수를 알게 됩니다. 기수의 원리란 사물을 가리키며 하나, 둘 하면서 수말을 하다가 마지막 수말이 사물의 개수가 되는 것을 말합니다. 사물을 보면서 정확한 수창(수를 큰 소리로 소리내어 읽는 것)을 하는 안정적인 수세기를 하는 것이 좋습니다.

1 아이가 좋아하는 장난감 자동차를 엄마에게 소개하도록 해 주세요.

"어머 이 멋진 차들은 이름이 뭐예요? 소개 좀 해 주세요."

2 그 중에서 '가장 좋아하는 자동차' 혹은 '가장 빠른 자동차' 혹은 '가장 디자인이 멋진 차'를 5대만 뽑아 주세요.

3 5대를 멋지게 줄 세워 볼까요?

4 자동차들에 1~5까지 번호를 붙여 주세요.

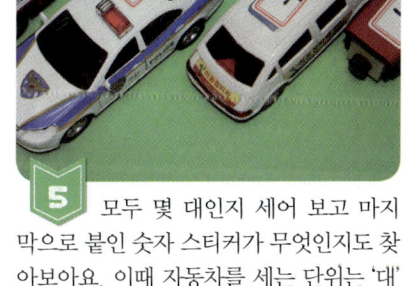

5 모두 몇 대인지 세어 보고 마지막으로 붙인 숫자 스티커가 무엇인지도 찾아보아요. 이때 자동차를 세는 단위는 '대'라는 것도 알려 주세요.

> 민이랍의
> 강력추천!

놀러갈 때 챙겨가면 좋은 보드게임 '러시아워'

대중교통으로 이동할 때, 가족 행사에 참여할 때 아이들이 심심하다고 조르면 정말 난감하죠? 그래서 저는 아이들과 외출할 때는 간편하게 들고 다닐 수 있는 보드게임도 함께 챙기는 경우가 많아요. 이때 주로 챙기는 게임은 바로 '러시아워'입니다. 멘사 추천 두뇌발달 게임으로 유명한 '러시아워'는 주어진 카드에 나온 대로 자동차를 게임판 위에 배치한 후, 다른 차들에 둘러싸인 빨간 자동차를 출구로 빠져 나오게 하는 게임입니다. 게임 권장연령은 8세로, 난이도에 따라 4단계로 구분돼 총 40장의 문제카드가 들어 있어요.(러시아워 딜럭스에는 20장의 카드가 추가로 제공됩니다.)

PART1 수 놀이 **27**

열광적인 수학놀이! 볼링놀이

보수놀이 5세 이상

잠시도 엉덩이 붙이고 있지 못하는 아들 녀석은 물론, 새침떼기 공주님들도 순식간에 흥분하게 만드는 놀이가 바로 볼링놀이예요. 자, 그럼 수학이 있는 열광의 도가니로 빠져 보시죠.

놀이 목표
- 10까지의 수
- 10의 가르기와 모으기

교과 연계
- 10까지의 수
- 더하기와 빼기
- 10 가르기와 모으기

준비물
- 볼링 핀 10개
- 볼링 공

이 놀이는요~

10의 보수 개념을 익히는 놀이입니다. 4에다가 6을 더하면 10이 되죠? 이때 4에 대한 10의 보수는 6이 됩니다. 더해서 10이 되는 4와 6, 6과 4는 서로 고정된 짝을 이룬다는 것을 알 수 있죠. '보수'라는 용어는 '채우는 수'라는 뜻입니다. 예전에 사용했던 말로, 요즘은 '가르기와 모으기'라고 하지요.

1 볼링 핀 10개를 삼각형 모양으로 예쁘게 세워 주세요.

2 적당한 거리에서 공을 굴려 주세요. 엄마는 좀 더 멀리서 하셔야겠죠?

3 쓰러진 핀이 몇 개인지 세어 보고 기록표에 적어요. 이때 10개 중에서 쓰러진 핀은 몇 개이고 남은 핀은 몇 개인지 꼭 말해 보게 해 주세요.

4 만약 하나도 쓰러뜨리지 못했다면 다시 한번 기회를 줄까요?

5 모두 10번의 게임을 하고 매회마다 이긴 사람은 동그라미를 해요. 동그라미가 많은 사람이 이겨요. 살짝살짝 져 주시는 센스, 잊지 마세요!

6 아이의 나이가 어리다면 볼링 핀을 5개로 줄여 5의 보수를 익히면 좋아요.

이렇게도 놀아요

시판되는 볼링놀이 세트가 아니라 500ml 페트병을 사용해도 좋아요. 이때 페트병에 물을 반 정도 채우고 예쁘게 꾸며서 사용하면 아이들이 더욱 신나 합니다. 아이들은 특히 자신이 만들고 꾸민 것에 애착을 가지므로 놀이가 성공할 가능성도 더욱 높아집니다.

교구가 뭐 별건가요? 숫자5 만들기

> 5보수놀이
> 5세 이상

유명한 브랜드의 수학 교구들, 좋은 건 아는데 참 비싸죠? 그럼 간단히 만들어서 사용해 봐요. 덧셈 연산 능력과 수리적 사고력을 향상시키는 데 아주 좋은 놀이를 소개할게요.

놀이 목표
- 5의 가르기와 모으기
- 여러 가지 방법의 덧셈, 뺄셈

교과 연계
- 5까지의 수

준비물
- 0~4까지의 숫자카드 5벌
- 3×3 빙고판

이 놀이는요~

수의 가르기와 모으기는 연산을 하기 전 수에 대한 감각을 길러 줍니다. 특히나 수의 양을 나타낼 때 손가락을 많이 사용하는 이 시기에 5라는 수를 여러 가지 방법으로 가르기와 모으기를 충분히 연습한다면 나중에 덧셈과 뺄셈을 할 때 매우 중요하게 활용될 것입니다.

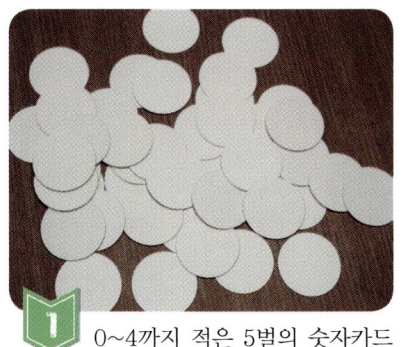
1 0~4까지 적은 5벌의 숫자카드 (총 25장)를 숫자가 보이지 않게 뒤집어서 잘 섞습니다.

2 1의 카드더미에서 3장의 카드를 가져갑니다.

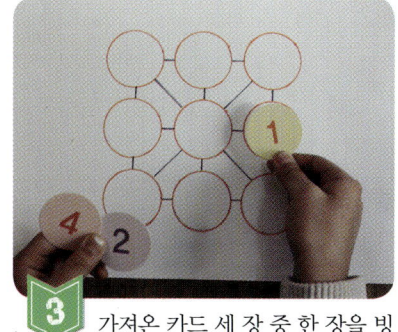
3 가져온 카드 세 장 중 한 장을 빙고판에 놓고 바닥의 카드더미에서 다시 한 장을 가져오면 다음 사람에게 순서가 넘어갑니다.(손에는 항상 3장의 카드가 있어야 합니다)

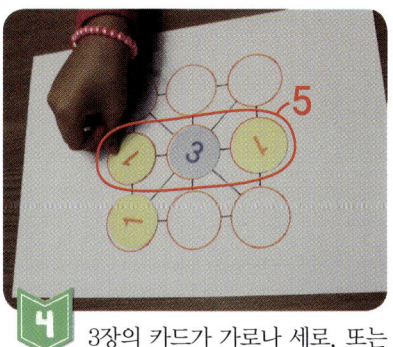
4 3장의 카드가 가로나 세로, 또는 대각선 방향으로 합이 5가 되면 3장의 카드를 가져가고, 1점을 얻습니다.

5 세 번째 카드를 놓을 때 카드의 합이 5가 되지 않으면 놓지 않고, 다음 사람으로 차례를 넘깁니다.

6 게임이 끝나면 모아둔 카드의 합이 5가 맞나 확인하고, 점수가 많은 사람이 이깁니다.

이렇게도 놀아요

숫자 10빙고 만들기 – 7세 이상

5 만들기가 확실히 된다면 이제 10 만들기도 해 보아요. 5+5, 2+8 과 같이 두 수의 덧셈 이외에도 1-1-1-7, 1-2-2-5, 1-3-3-3, 2-2-3-3, 1-1-4-4 등등 네 가지의 수로 만들어 볼 수 있어요. 이렇게 10을 만들 수 있다는 것은 수의 양과 크기에 대한 감각이 커진다는 거예요. 이렇게 익힌 수의 감각은 나중에 연산 실력을 훨씬 빠르고 정확하게 키워 줄 거예요.

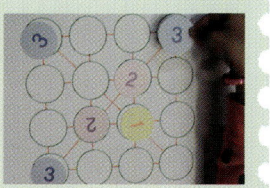

신나고 맛있는 수학! 과자 따먹기

뺄셈놀이 4세 이상

비 오는 날은 아이들 데리고 밖에 나가기 쉽지 않죠? 하지만 집에만 있자니 아이들은 몸이 근질근질~
이런 날은 무조건 우리 집 명랑운동회를 해 보세요. 과자 한 봉지로 행복한 날, 좋은 엄마가 될 수 있답니다.

놀이 목표
- 5까지의 수
- 뺄셈

교과 연계
- 5까지의 수
- 한 자리 수의 덧셈과 뺄셈

준비물
- 긴 끈, 빨래집게 5개, 과자

이 놀이는요~

유아에서 초등 저학년까지 수학은 반복이 중요하죠? 그런데 2+1=3, 3+1=4, 4+1=5… 하며 반복되는 학습지로 배우는 수와 연산은 너무 지겨워요. 수학을 좋아하는 아이로 키우기 위해서는 아이들과 신나게 놀아 주는 게 중요합니다. 아이들이 노는 동안 수의 개념을 익히게 하는 엄마의 놀라운 센스! 아이들 수학은 엄마 하기 나름이에요!

1 거실에 빨래줄을 매단 후 빨래집게로 과자를 5개 매달아 주세요.

> **Tip** 놀이를 하는 아이가 더 나이가 많거나, 아이의 수가 많을 때는 10개의 과자를 매달아 주세요. 그럼 10의 보수 개념을 익힐 수 있어요.

2 과자와 출발선 중간쯤에 책을 쌓아 장애물을 만듭니다.

> **Tip** 실내 달리기에는 장애물 설치가 필수예요. 그냥 달리기를 하기엔 거실이 너무 좁기도 하거니와 게임이 금방 끝나서 엄마가 힘들거든요. ^^

3 "준비~ 땅!" 하는 엄마의 신호에 출발합니다. 장애물은 반드시 정정당당하게 건너야 합니다. 이때 엄마는 편안히 소파에 앉아서 호루라기만 불어 주세요.

4 빨리 달려가 과자를 따먹어요.

"누가 누가 과자를 더 잘 따먹나 한번 보자. 손은 허리에~ 과자에 손 대기 없~기!"

5 과자를 다 먹고 제자리로 돌아와 먼저 식탁의자에 앉는 사람이 이깁니다.

6 이제 수학이 들어갈 타이밍이에요. 다음 게임을 위해 먹은 부분의 과자를 새로 꽂을 때 5개의 과자 중 몇 개를 먹고, 몇 개가 남았는지 큰 소리로 말해 보게 하세요. 5의 보수 개념이 저절로 생기겠죠?

이렇게도 놀아요

이 놀이는 집 안에서 하기에는 다소 좁을 수 있습니다. 아이들도 금방 끝나면 시시해하고 싫증을 내기 일쑤죠. 게임마다 장애물의 종류를 바꾸어 보세요. 정신 없이 즐거워하며 놀이에 흠뻑 빠져듭니다.

〈장애물의 예〉
- 머리에 책 얹고 가기
- 동생에게 뽀뽀 한 번 하고 가기
- 훌라후프 3번 돌리고 가기
- 훌라후프 들고 통과하기
- 코끼리 코 하고 세 바퀴 돌고 가기
- 의자 밑으로 기어서 통과하기
- 풍선 터뜨리고 가기
- 풍선을 무릎에 끼고 걸어가기
- (사람이 많으면) 다리 묶어 이인삼각으로 가기
- 스케치북에 동그라미 한 번 그리고 가기

스티커를 사랑한 수학! 5보수 세모 만들기

보수놀이 4세 이상

4, 5세 아이라면 십중팔구 '스티커'에 빠져 있게 마련이죠! 붙이는 재미, 엄마 기겁하는 재미~
스티커는 수학 개념을 잡는 데도 활용 만점이에요!

놀이 목표
- 수의 개념 익히기
- 다섯 묶음수
- 5의 가르기와 모으기

교과 연계
- 5 만들기
- 5의 가르기와 모으기

준비물
- 색종이 (정삼각형 모양으로 미리 잘라 두세요)
- 아이가 좋아하는 모양의 스티커

이 놀이는요~

연산의 기초는 수의 특성을 잘 아는 것입니다. 실제로 '하나의 양은 1이라는 수와 같다'라는 수와 양의 매치는 초등 저학년을 지나야 제대로 자리잡습니다. 5라는 수는 '1과 4', '2와 3', 또 '1과 1과 3'으로 나뉘어진다는 것을 충분히 알고 나면 더하기, 빼기의 개념은 저절로 익혀지게 마련이랍니다.

1 정삼각형으로 자른 색종이 4장을 준비합니다. 아이에게 한 장당 다섯 개씩 스티커를 붙이게 합니다.

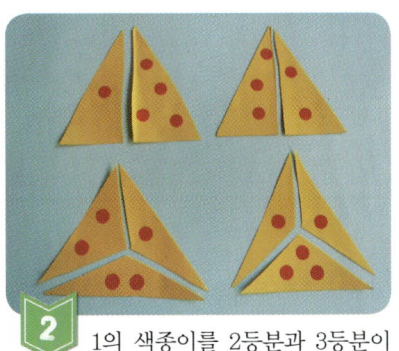

2 1의 색종이를 2등분과 3등분이 되게 잘라 주세요. 가위질이 가능한 아이는 직접 해 보게 해도 좋아요.

3 자른 색종이를 마구마구 섞어요.

4 색종이 조각들을 세모 모양이 되게 퍼즐 맞추기를 합니다.

"조각을 모아 큰 세모를 만들어 볼까?"

5 두 조각 혹은 세 조각으로 맞춘 세모 모양이 몇 개인지 세어 보아요.

6 맞춘 세모 모양 중에서 5가 되는 것은 어느 것인지 찾아보고, 몇 개인지 세어 보아요.

"스티커가 5개 있는 세모를 찾아볼까?"

민이네 강력추천!

단순해도 즐겁다! 할리갈리

온가족이 함께 즐길 수 있는 쉽고 재미있는 교구예요. 한 종류의 과일 개수의 합이 5가 되면 재빨리 종을 쳐서 점수를 얻게 되는데, 게임을 하다 보면 웃음 소리가 끊이지 않아요. 5세 이하의 어린 아이라면 같은 종류의 과일이 아니라도 합이 5가 되면 종을 치는 보수놀이로 활용해 보세요. 보드 게임도 게임 규칙에 너무 연연해할 필요없이 우리 아이 수준에 맞춰 활용하다가 아이가 게임 규칙을 이해할 수 있는 연령이 되었을 때 규칙을 알려 주시면 충분해요.

5보수 기차놀이 # 숫자도미노게임

<보수놀이 6세 이상>

아이들은 뱀처럼 길~게 길~게 이어 붙이는 것을 좋아하죠. 뭐든지 길~게, 길~게요.
그럼 그 긴 것 속에 수학을 한번 숨겨 볼까요?

놀이 목표
- 5의 보수개념

교과 연계
- 5까지의 수
- 더하기와 빼기

준비물
- 도미노카드(0~5) 20장

이 놀이는요~

더해서 5가 되는 '5의 보수'는 처음에는 하나하나 세어 보지만, 직관적으로 나올 때까지 연습하는 것이 좋아요. 나중에 덧셈과 뺄셈을 알 때 매우 유용하게 활용된답니다. 참고로 미노는 '정사각형', 도미노는 '정사각형 2개'를 의미합니다.

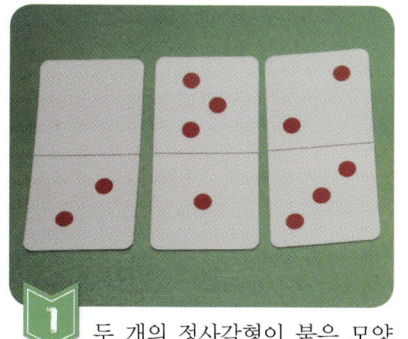

1 두 개의 정사각형이 붙은 모양(도미노) 종이 20장을 준비합니다. 도미노 가운데에 선을 긋고, 각 칸에 0~5까지의 스티커를 임의대로 붙입니다.

> **Tip** 이때 스티커를 붙이지 않은 것은 0을 의미합니다.

2 엄마와 아이가 각각 3장의 카드를 나누어 갖고 나머지 카드는 뒤집어서 쌓아 둡니다.

3 뒤집어 놓은 카드 중 1장을 바닥에 놓아요. 시작카드가 되는 거예요.

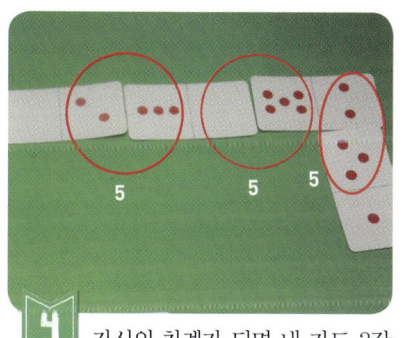
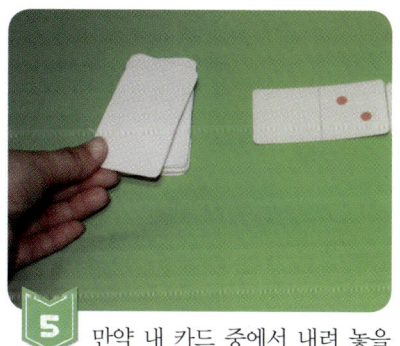

4 자신의 차례가 되면 내 카드 3장 중에서 바닥에 놓여진 카드와 합이 5가 되는 카드가 있나 살펴보세요. 그리고 1장만 내려 놓아 연결하세요.

5 만약 내 카드 중에서 내려 놓을 카드가 없다면 쌓아 둔 카드 중에서 1장을 가지고 오세요.

6 들고 있던 카드를 모두 사용하거나 쌓아 둔 카드가 모두 없어지면 게임은 끝나요. 남아 있는 카드가 없거나 적게 가진 사람이 이기는 게임이에요.

이렇게도 놀아요

같은 수를 연결해요 – 4세 이상
아직 5 만들기가 어려운 나이라면 같은 수를 찾아 연결하기를 해 봐요. 도미노카드를 만들 때 같은 4라고 해도 스티커를 다양한 모양으로 붙여 놓으면, 아이들이 같은 그림 찾기처럼 아주 재미있어해요.(사진의 4를 보시면 하나는 나란히, 하나는 동서남북 모양으로 붙어 있어요.)

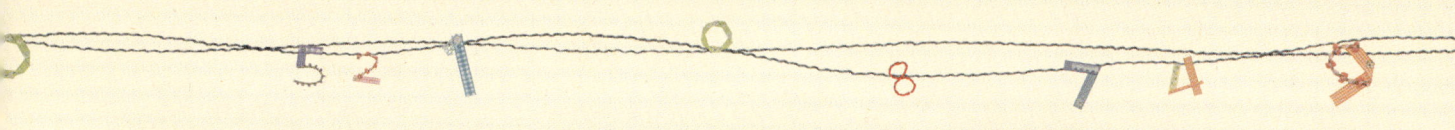

뒤집다 보면 어느새 숫자박사! 카드 뒤집기

수개념놀이 5세 이상

기억력이 좋아야 공부를 잘한다고 하죠? 어느 카드에 뭐가 있었나 오래오래 기억하게 하는 메모리 게임으로 우리 아이들의 기억력을 업(up) 시켜 주자고요~

놀이 목표
- 숫자와 양의 일대일 대응

교과 연계
- 5까지의 수

준비물
- 스티커
- 종이
- 펜

이 놀이는요~

수와 양의 매치는 수의 의미를 익히는 데 상당히 중요해요. 그리고 한 번 있었던 자리의 숫자나 그림을 기억하게 하는 활동은 기억력 증진에도 도움이 되지요.

1 종이에 스티커를 붙여 1~5까지의 스티커 카드를 만듭니다.

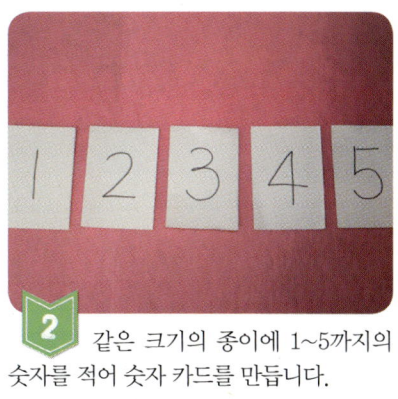

2 같은 크기의 종이에 1~5까지의 숫자를 적어 숫자 카드를 만듭니다.

3 엄마가 먼저 스티커 카드를 순서대로 놓아 주세요. 그리고 아이에게 스티커의 양에 맞게 숫자를 놓아 보게 합니다.

4 숫자 카드와 스티커 카드를 뒤집어서 마구마구 섞습니다.

5 10장의 카드 중 한 장은 (아무거나) 빼 놓고 나머지 9장의 카드를 사진과 같이 놓아 주세요.

> **Tip** 10장의 카드를 다 사용해도 좋아요. 9장의 카드를 사용하는 이유는 마지막에 숫자와 스티커가 매치되는 카드가 부족하게되므로 반드시 승부가 나기 때문입니다.

6 엄마와 아이가 가위바위보로 순서를 정한 후, 양손으로 두 장의 카드를 동시에 뒤집어 같은 수를 나타내는 카드이면 두 장의 카드를 가지고 갑니다.

7 만약 뒤집은 두 장의 카드가 다른 수를 나타내는 카드이면 다시 뒤집어 제자리에 놓아두고 다른 사람의 차례가 됩니다.

8 더 이상 뒤집을 카드가 없으면 게임은 끝이 나고, 가지고 간 카드의 수가 많은 사람이 이깁니다.

콩 열 형제의 모험 검은콩이 삼천포로 빠져요

가르기놀이 6세 이상

아이가 덧셈·뺄셈을 좀 더 빨리, 좀 더 잘했으면 좋겠다는 마음이 드시나요? 육아에서 엄마의 조급함은 금물인 거 아시죠? 하지만, 잠자기 10분 전 잠깐의 놀이면 우리 아이도 수학 영재로 만들 수 있답니다!

놀이 목표
- 10의 가르기와 모으기

교과 연계
- 가르기와 모으기

준비물
- 휴지심 2개
- 색종이
- 두꺼운 도화지(마분지)
- 플라스틱 통(컵) 2개
- 검은콩 20개 정도

이 놀이는요~

'가르기'는 하나의 수를 둘 이상의 수로 가르는 것이고, '모으기'는 둘 이상의 수를 모아서 하나의 수를 만드는 것이에요. 예를 들어 10은 '1과 9', '2와 8' 등으로 가를 수 있고, '3과 7'을 모으면 10이 되지요. 가르기와 모으기는 덧셈과 뺄셈의 기초가 되므로, 유아 및 초등 수학에서 매우 중요한 개념이랍니다.

1 **Y자관 만들기** 휴지심 2개에 예쁜 색종이 옷을 입힙니다.

2 휴지심 2개를 약간 비스듬히 해서 테이프로 고정시키고, 윗부분에 두꺼운 도화지를 붙여 주세요. Y자 모양의 관이 만들어졌어요.

3 검은콩 10개를 고르세요. 엄마와 아이가 가위바위보로 순서를 정합니다. 각자의 플라스틱 통도 정해 놓으세요. 통에 이름을 써 놓아도 좋아요.

4 콩 10개를 손에 쥐고, Y자관에 한꺼번에 쏟아 넣어 주세요.

"하나, 둘, 셋! 콩을 던지세요."

5 양쪽 플라스틱 통에 내려온 검은콩이 몇 개씩인지 눈으로 확인해 주세요.

6 이번에는 접시에 부어서 누구의 통에 콩이 더 많은지 다시 한 번 세어 보세요. 콩이 더 많은 사람이 이깁니다.

Tip 5번과 6번 과정은 같은 내용(수 세기)을 다른 활동으로 반복하는 것입니다. 아이가 지루해하지 않게 머리를 쓰시면서 여러 번 반복하는 사이 아이의 수머리가 자란다는 사실 잊지 마세요.

7 엄마의 콩과 아이의 콩을 합한 개수가 10개인지 확인해 본 다음, 이긴 사람이 다음 차례에 콩을 Y자관에 넣어요. 10회 기록판을 만들어 최종 우승자를 가려도 좋아요.

단순해도 재미는 최고! 어느 것이 더 클까요?

수비교놀이 6세 이상

아이랑 놀아 줄 방법이 마땅치 않은 날이 있죠. 집에 숫자카드가 있으면 좋고, 없으면 A4용지 쓱싹쓱싹 잘라서 쓰세요. 아이의 눈에는 엄마가 마치 '맥가이버'처럼 보일 거예요.

놀이 목표
- 두 수의 크기 비교

교과 연계
- 9까지의 수

준비물
- 숫자카드(0~9) 2벌

이 놀이는요~

수의 크기를 비교할 때 직접 세어서 할 수 있죠. 이때 수의 크기를 비교하여 '>' 또는 '<'를 넣을 수 있어요. 이 기호를 '부등호'라고 하는데, 이 부등호를 사용함으로써 수학적 편리성을 이해할 수 있답니다.

1 0~9까지 적힌 카드 두 벌을 마구 섞은 후 10장씩 나눠 가집니다. 이때 자신의 카드를 미리 보면 절대로 안 돼요. 미리 알면 재미없잖아요.

2 "하나, 둘, 셋!" 구령에 맞춰서 두 사람이 동시에 카드 1장을 뒤집어요.

Tip "하나, 두울, 셋!" 엄마의 억양이 중요한 거 아시죠? 스릴있게 해야 게임이 시시해지지 않아요.

3 두 숫자카드를 비교하여 큰 수를 가진 사람이 큰 소리로 식을 말하고 카드를 모두 가져갑니다.

4 예를 들어 "8은 5보다 큽니다." 라고 하면 돼요.

Tip 이렇게 문장을 말하는 게 중요해요. 문장제 문제를 풀 때, 서술형 문제에 답을 쓸 때 아주 중요한 경험이 됩니다.

5 카드를 다 사용하면 게임은 끝나고 카드를 많이 모은 사람이 이깁니다.

두 수의 크기 비교

수의 크기를 비교한다는 것은 추상적인 기호인 숫자가 양적으로 얼마만큼의 크기를 가지는가를 이해하는 것입니다. 두 수 중 어느 수가 얼마만큼 더 큰지 말해 보는 연습을 충분히 해 보아야 합니다.

더 큰 수에 ○표 하시오.

| 5 | 7 |

두 수의 크기를 잘못 비교한 사람은 누구입니까?

| 32 | 29 | 37 |

진태 : 32는 37보다 작습니다.
재선 : 29는 32보다 큽니다.

짝꿍이 없는 수, 있는 수 # 홀수 짝수 빨래집게

홀짝놀이 5세 이상

빨래를 한참 널고 있는데 아이가 혼자 조용히 뭔가에 집중하고 있더라고요. 뭐하나 물어 봤더니 빨래집게로 '짝꿍 만들기'를 한대요. 이때다 싶어 바로 홀수 짝수 놀이를 해 보았어요.

놀이 목표
- 홀수와 짝수의 의미

교과 연계
- 9까지의 수

준비물
- 빨래집게 9개

이 놀이는요~

1, 3, 5, 7, 9… 와 같이 2로 나누었을 때 1이 남는 수를 '홀수'라고 합니다. 반면 2로 나누었을 때 나머지 없이 나누어 떨어지는 수를 '짝수'라고 하지요. 어른들에게는 너무나 쉽고 당연한 홀수 짝수 개념이지만, 아이들은 늘 헷갈려하죠. 때문에 놀이로 여러 번 반복 학습을 하는 것이 중요합니다. 아이에게 어떤 수를 짝수와 홀수로 구분할 때 일의 자리수를 보면 알 수 있다는 것도 알려 주세요.

1 빨래집게 여러 개를 준비해서 몇 개인지 세어 보아요.

2 빨래집게 2개씩 짝을 지어 볼까요?

3 짝지은 집게를 접시에 각각 담아 보세요.

4 접시에 모두 담겼나요? 모두모두 짝이 있군요. 그러면 '짝수'라고 불러 주세요.

5 어? 접시에 담기지 못한 외로운 집게가 하나 있군요. 짝꿍이 없이 홀로 있으니 '홀수'라고 불러야겠네요.

민이덥의 수학톡톡

자연수의 범위에서 홀수, 짝수를 구분하는 것은 수의 규칙성을 이해하는 것입니다. 수에 의미를 부여하고 수와 친해지게 하는 것은 수학적 감각이 있는 아이로 크는 지름길이에요. 생활 속에서 홀수와 짝수를 비교해 보는 것도 좋은 방법이지요.

1. 우리 몸에서 홀수인 것은 무엇일까요? ▶ 머리, 코, 배꼽
2. 우리 몸에서 짝수인 것은 무엇일까요? ▶ 팔, 다리, 눈, 귀
3. 달력에서 1월부터 7월까지는 홀수달이 모두 31일까지 있어요.(혹은 홀수일이에요.) 짝수달은 짝수일(28 혹은 30일)이에요.
4. 달력에서 8월에서 12월까지는 짝수달이 31일까지 있어요.
5. 우리나라의 중요한 명절은 모두 홀수일이에요.
   설날 1월 1일 / 정월대보름 1월 15일 / 단오 5월 5일 / 칠석 7월 7일 / 추석 8월 15일

홀수짝수 개념의 레전드 **추억의 짤짤이 게임**

홀짝놀이 7세 이상

오늘은 아이가 "심심해"를 입에 달고 있나요? 고속도로에서 차가 막혀 아이가 답답해 하나요? 구슬, 바둑알, 아니면 동전도 좋아요. 곧바로 흥미진진한 아이의 눈빛이 보이실 거예요.

놀이 목표
- 홀수와 짝수의 개념

교과 연계
- 9까지의 수

준비물
- 바둑알 18개

이 놀이는요~

수를 셀 때 처음에는 하나하나 세어 보지만, 어느 정도 익숙해지면 둘씩 묶어서 세어 보는 것도 좋아요. '둘, 넷, 여섯, 여덟, 열…' 능숙해지도록 많이 해 보아요. 많은 양을 빨리 셀 수도 있고, 2의 배수 개념, 짝수 개념도 쉽게 이해하게 됩니다.

1 두 사람이 바둑알을 9개씩 나누어 가져요.

2 바둑알을 양손에 나누어 쥐고 한쪽 손만 상대방에게 내밀어요.

3 주먹 속에 숨어 있는 바둑알이 홀수일까요? 짝수일까요? 맞혀 보아요.

"홀이게, 짝이게?"
"홀이요"

4 그럼 확인해 볼까요? 이때 개수를 세지 말고 둘씩 묶음수를 하면서 홀수인지 짝수인지 확인해 주세요.

"둘은 짝꿍이 있고, 남은 하나는 짝꿍이 없이 외로이 홀로 남았군요. 홀수네요. 축하합니다. 정답을 맞혔네요."

5 번갈아 가며 10번씩 한 후 누가 많이 맞히나 해 보세요.

민이럽의 강력추천!

유치부와 초등 저학년에 읽으면 좋은 수학 단행본
요즘은 수학과 관련된 내용의 재미난 동화책들도 많이 나와 있어요. 놀이로, 몸으로 수학적 감각을 익히는 틈틈이 재미난 책을 읽으며 수학적 내용들을 정리해 보면 좋아요. 꼭 많은 책을 읽을 필요는 없어요. 아이가 좋아하는 책 위주로 한 권 한 권씩 읽으면 된답니다.

숫자 10의 발견 과자 목걸이 만들기

수개념놀이 4세 이상

구슬 끼우기류의 놀이는 아이들 소근육 발달 및 눈과 손의 협응력, 집중력 향상에 좋아요. 여기에 10이라는 두 자리 수의 위대한 발견을 경험할 수 있어요.

놀이 목표
- 10까지의 수
- 10묶음 수

교과 연계
- 50까지의 수
- 100까지의 수

준비물
- 마카로니 과자 한 봉지
- 줄

이 놀이는요~

숫자 9보다 1 더 많으면 10이라고 숫자 2개를 써서 두 자리수로 표시한 것이 십진법입니다.

숫자 10은 한 자리 수와 다른 차원이에요. 숫자 10은 복잡한 더하기와 빼기의 원리인 받아올림과 받아내림의 시작이고, 자리값의 시작이며, 100, 1000, 10000과 같은 큰 수의 시작이기도 합니다.

1 준비한 과자를 그릇에 부은 후 일단 마음껏 먹게 하세요.

2 아이들은 마카로니 과자나 꼬깔콘을 보면 꼭 손가락에 끼워 보지요? 마음껏 끼워 보고 과자와 손가락의 일대일 대응을 맛보게 시간을 충분히 주세요.

3 이제 목걸이를 만들어 볼까요? 목걸이를 할 수 있는 적당한 길이의 끈에 과자를 끼워 보세요. 10개 끼우기가 미션입니다.

4 과자를 끼우는 중간중간에 과자 수를 세어 보게 하세요. 몇 개까지 끼웠는지, 또 10개를 채우려면 몇 개가 남았는지 물어 보기도 하고 잘 모르면 엄마가 살짝 가르쳐 주셔도 돼요.

"승재야, 과자 몇 개 끼웠니?"
"하나, 둘, 셋… 8개요!"
"그럼 2개만 더 끼우면 10개가 되네. 금방 잘 끼우네!"

5 다 완성했으면 목걸이를 걸고 기념 사진 찰칵!

이렇게도 놀아요

색종이 목걸이 만들기

색종이를 직사각형 모양(가로 2cm, 세로 15cm 정도)으로 잘라요. 서로 엇갈리게 풀칠해서 연결해 주세요. 멋진 목걸이가 만들어지면 아이들이 무척 좋아해요. 두 가지 색이나 세 가지 색의 색종이를 번갈아 가며 연결하면 더 예쁜 목걸이가 완성되어요. 이때 수학 중 패턴이라는 규칙도 알게 해 주어요.

안 사고는 못 배긴다! 재산목록 1호 정리하기

수개념놀이 6세 이상

남자아이들 세계에서 선풍적인 인기몰이 중인 각종 캐릭터 카드들! 내키지 않지만 안 사줄 수도 없고, 돈 아까운 생각에 가슴앓이 하시죠? 이왕 사주는 카드, 수학 공부도 하고 깔끔하게 정리도 시켜 볼까요?

놀이 목표
- 10 묶음 수
- 두 자리 수

교과 연계
- 50까지의 수
- 100까지의 수
- 네 자리 이하의 수

준비물
- 아이가 좋아하는 캐릭터 카드들
- 노란 고무줄 여러 개
- 숫자카드 (0~9까지 카드 2벌)

이 놀이는요~

수가 커질수록 묶음과 낱개를 이용해서 양과 수를 나타낼 수 있도록 해야 합니다. 10개를 한 묶음으로 생각하면 큰 수를 이해하는 데 도움이 됩니다.

1 아이가 그동안 모아 놓은 카드들을 엄마에게 자랑하는 시간을 주세요.

2 아들의 강연이 끝나면 카드를 정리하는 시간이에요. 엄마가 카드를 10장씩 고무줄로 묶어 주세요. 그럼 아이는 자기 재산목록 1호인 카드를 본인이 묶겠다고 하겠죠?

3 10개씩 묶을 카드가 더 이상 없으면, 10개 묶음 카드와 낱개 카드들을 정렬하세요.

> **Tip** 열심히 설명하는 아이의 말을 끝까지 들어 주세요. 가급적이면 전문용어(?) 중 몇 개는 외워 맞장구도 쳐 주시고요, 저처럼 못 외우겠다 싶으면 그냥 리액션만 크게 해 주셔도 돼요. 좋은 엄마되기 참 쉬워요. ^^

4 모두 몇 개인지 말해 보세요. 아이의 컨디션이 좋다면 카드의 수만큼 숫자 카드로 표현해 보자고 제안하세요. (아이가 내키지 않는다면 안 하는 게 좋아요.)

5 숫자 카드를 쓰는 경우, 먼저 10개 묶음 카드가 몇 개인지 세어 십의 자리 수를 선택하게 하고 나머지 낱개가 몇 개인지 세어 일의 자리 수를 선택하도록 하여 두 자리 수 연습을 합니다.

미리 보는 초등수학

100까지의 수

수 묶음은 초등 중학년까지 계속 반복되는 개념입니다. 초등 1~3학년 수학에서 수 모형을 보고 1이 10개면 10, 100이 10개면 100, 1000이 10개면 10000이 되는 것을 배웁니다. 과자를 셀 때, 카드를 셀 때, 동전을 셀 때 일상 속에서 반복적으로 수를 묶어가는 경험을 시켜 주시면 아이들 머릿속에서 수가 구체적인 개념으로 다가오게 됩니다.

수 모형을 보고 □안에 알맞은 수나 말을 써넣은 것은 무엇입니까?

1000이 10개면 □이라고 쓰고, □이라고 읽습니다.

① 10, 백 ② 100, 백 ③ 100, 천
④ 1000, 백 ⑤ 1000, 천

으쓱으쓱 어제와 다른 나! 두 자리 수를 알아요

> 수개념놀이 6세 이상

아이가 태어나 처음 뒤집었을 때, 처음 걸음마를 했을 때 많이들 기뻐하고 칭찬해 주셨죠?
아이가 두 자리 수의 크기를 비교해서 더 큰 수를 알게 되었다면 그때만큼 크게 열광해 주세요~

놀이 목표
- 두 자리의 수
- 수의 크기 비교

교과 연계
- 50까지의 수
- 100까지의 수

준비물
- 종이
- 사인펜
- A4용지 1장
- 두 자리 수 판
- 주머니

이 놀이는요~

'숫자'는 0, 1, 2, 3, 4, 5, 6, 7, 8, 9의 열 개입니다. 이 열 개의 숫자를 가지고 '수'를 만들어 냅니다. 두 장의 숫자카드를 어떤 순서로 놓느냐에 따라 수의 크기가 달라진다는 사실을 아이 스스로 알아가다 보면 수에 대한 자신감이 커지게 돼죠.

1 아이와 함께 종이를 잘라 숫자를 써넣어 숫자카드를 만들어요. 0~9까지 숫자를 3세트 정도 쓰면 돼요.

2 숫자카드를 두 번 접어서 보이지 않는 주머니에 넣어요.

Tip 주머니가 없다면 상자에 넣어도 좋고, 바닥에 그냥 흩뜨려 놓아도 괜찮아요.

3 주머니에서 두 장의 숫자카드를 뽑아요. 이때 엄마가 복권 방송하는 것처럼 분위기를 유도해 주면 훨씬 흥미로워져요.

"두두두두~~ 우리 성혁이 과연 어떤 숫자를 뽑을까요? 짜짠! 2가 나왔습니다. 자~ 다음엔 어떤 숫자가 나올까요?"

4 뽑은 카드 두 장을 두 자리 수의 판에 놓아 보아요. 이때 놓는 순서는 아이가 마음대로 하도록 엄마는 절대 관여하지 마세요. 고민하는 과정을 통해 아이 스스로 큰 수를 알아가는 것이 좋아요. 그리고 만든 두 자리 수를 큰 소리로 읽어 본 다음, 종이에 써 보도록 해요.

"4와 2를 뽑은 우리 성혁이, 수를 만들어 주세요… 24, 42, 어떤 수로 할까요?" (아이가 쉽게 결정하지 못하거나 두 자리수를 잘 모른다면 두 가지 경우를 다 놓아 보고 엄마가 읽어 주세요.)

5 엄마도 숫자카드를 뽑으세요. 엄마가 뽑은 숫자카드는 엄마가 두 자리 수를 만드시고, 아이에게 수를 적도록 해요.

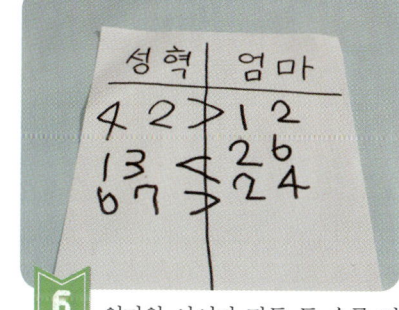

6 엄마와 아이가 만든 두 수를 비교해 보고 큰 수에 부등호를 그려요. 만약 부등호를 모른다면 엄마가 그려 주셔도 좋아요.

민이랩의 수학톡톡

숫자카드는 시중에 파는 것을 사용해도 되지만 만들어 쓰는 것이 학습효과는 더 좋습니다. 왜냐하면 수학놀이의 효과는 '결과'보다는 '과정'에 있는 것이거든요. 아이와 어떤 놀이를 할 것인지 이야기 나누면서 '직접 숫자를 쓰고, 접고 주머니에 넣는' 과정을 통해 아이는 '보이지 않는 주머니 속이라도 0부터 9까지의 숫자가 적혀 있다'는 사실을 인식하며 숫자를 뽑을 것이기 때문입니다. 그리고 가장 현실적으로도 아이들은 자기가 만든 물건에 훨씬 더 애착을 가지고 놀이를 한답니다.

0보다 작은 수 음수·양수 알기

수개념놀이 6세 이상

겨울철 일기예보에는 0보다 작은 수를 볼 수 있어요. 0℃보다 추운 날씨는 -3℃라고 '-' 기호를 붙여 표시하죠. 이럴 때 아이에게 음수의 개념을 살짝 설명해 주시면 쉽게 이해해요.

놀이 목표
- 양수와 음수의 뜻

교과 연계
- 덧셈과 뺄셈
- 정수와 유리수 (중등)

준비물
- 숫자카드 28장
  (-3, -2, -1, 0, 1, 2, 3 각 4장씩)
- 수직선
- 바둑알 (흰색 1개, 검은색 1개)

이 놀이는요~

'영상과 영하', '이익과 손해', '수입과 지출' 등과 같이 어떤 기준에 대해서 서로 반대되는 성질을 갖는 수량을 나타낼 때, 기준점이 되는 수를 0으로 하고 한쪽에는 '+'를, 다른 한쪽에는 '-'를 붙여서 나타냅니다. 정말 어려운 개념이죠? 놀다 보면 자연스레 익힐 수 있답니다.

1 긴 종이에 −17에서 17까지 숫자를 쓰고 눈금을 그립니다. 이때 눈금은 위 아래 모두에 표시합니다.

2 숫자카드를 차례대로 펼쳐 놓고 읽어 본 다음 우리 주변에서 플러스와 마이너스를 사용하는 장소나 사용하는 상황을 말해 보아요.

3 카드를 뒤집어 마구마구 섞은 후, 숫자가 보이지 않도록 숫자를 밑으로 하여 각 14장씩 두 덩이로 나눠 가집니다.

> **Tip** 플러스, 마이너스 개념이 사용되는 것들에는 온도(영상20도, 영하5도), 아파트 층수(지상 4층, 지하 2층), 용돈기입장(수입, 지출) 등이 있어요.

4 엄마와 아이가 바둑알의 색깔을 정하고, 바둑알을 0에 맞춰 놓아요.

5 가위바위보를 한 후 이긴 사람이 먼저 시작합니다. 차례가 된 사람은 자신의 카드 한 장을 뒤집어 나온 수만큼 바둑돌을 이동시켜요.

6 쌓아둔 카드가 다 없어질 때까지 게임을 계속하고, 카드를 다 뒤집었으면 바둑알이 더 큰 수에 놓여 있는 사람이 이깁니다.

나는야 백설공주 사과를 먹으면 예뻐져요~ _{수개념놀이 6세 이상}

놀이를 할 때 무엇이든 아이가 가장 좋아하는 사물을 이용하면 몰입도가 높아져요. 과일 중에서도 사과를 유달리 좋아하는 우리 딸을 위해 만들었어요. 사과 많이 따먹고 예뻐지고 싶대요~

놀이 목표
- 양수와 음수의 개념
- 더하기와 빼기

교과 연계
- 덧셈과 뺄셈
- 정수와 유리수 (중등)

준비물
- 사과나무 그림판
- 사과그림 30개
- 주사위 1개(+1, +2, +3, -1, -2, -3이 쓰여 있는 것)
- 접시 2개

이 놀이는요~

양수는 '플러스'라고 부르며 새로운 것을 얻거나 더해질 때 사용하고, 음수는 '마이너스'라고 부르며 내 것을 주거나 없어지는 것을 의미합니다. 아이들에게는 친구나 동생과 자기 사탕을 나눠먹는 걸로 설명하면 대부분 이해가 빠르더군요.^^

1 주사위의 여섯 면에 +1, +2, +3, -1, -2, -3을 표시합니다.

2 색종이를 잘라 사과를 30개 만듭니다.

3 엄마와 아이가 각각 사과 5개씩 나누어 갖고 나머지는 사과나무에 올려주세요.

4 자신의 차례가 되면 주사위를 던져서 양수가 나오면 사과나무에서 사과를 따 가세요.

5 만약 주사위의 수가 음수가 나오면 내 접시에 있는 사과를 사과나무에 올립니다

"어이쿠. 엄마는 -2가 나왔네. 사과나무에 사과 2개를 다시 올려야 돼. 흑흑."

6 나무에 사과가 다 없어지면 게임은 끝납니다.

7 엄마가 딴 사과와 아이가 딴 사과 개수를 비교하며 세어 보고, 누가 이겼는지 말해 보세요.

Tip 사과를 놓을 때는 한 줄에 5개씩 놓아 두 줄이면 10개가 된다는 것도 알려 주면 좋아요.

나눠 먹으면 금방 배워요 분수 피자 만들기

분수놀이 7세 이상

분수는 아이들에게 다소 생소할 수 있으므로 일상생활에서 일부러 많이 사용해 주시길 권합니다.
예를 들어 "수박을 반 잘라서 1/2은 냉장고에 넣어 두고 1/2만 먹을까?" 하고 자연스레 얘기해 주세요.

놀이 목표
- 분수의 개념

교과 연계
- 분수

준비물
- 분수판 2개
- 분수조각 (1/2, 1/3, 1/4, 1/6, 1/8, 1/9)
- 분수주사위

이 놀이는요~

피자는 아이들에게 분수를 가르칠 때 가장 유용한 교구입니다. 커다란 피자를 8조각, 16조각으로 나눠 보고, 먹고 싶은 만큼 실컷 먹은 후에 자신이 먹은 양을 분수로 표현해 주면 아이들이 금새 분수의 개념을 이해합니다.

[놀이1] 분수 탐색 게임

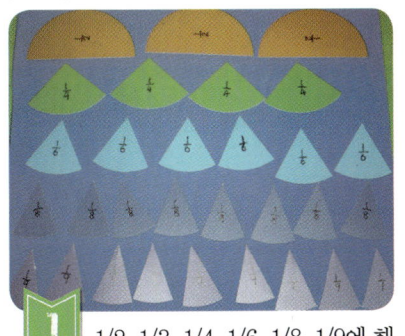

1 1/2, 1/3, 1/4, 1/6, 1/8, 1/9에 해당하는 분수 조각을 색깔별로 잘라 준비하고, 각 조각 위에 몇 분의 몇인지 표기합니다. 이제 분수 조각을 바닥에 펼쳐 놓고 어떤 게 있나 구경해 보아요.

2 같은 분수조각끼리 모아 하나의 원, 즉 1이 완성되게 해 보세요.

3 서로 다른 조각들을 모아서 1이 완성되게 해 보아요.

Tip 가장 큰 조각과 가장 작은 조각을 찾아보고 조각들끼리 크기를 비교해도 좋습니다.

[놀이2] 분수 피자 만들기

1 주사위의 여섯 개 면에 1/2, 1/3, 1/4, 1/6, 1/8, 1/9을 적습니다.

2 주사위를 던져 나온 분수에 해당하는 분수 조각을 찾아보세요.

3 동그란 분수판에 해당 조각을 올려 놓습니다.

4 분수판을 먼저 다 채우는 사람이 이겨요.

Tip 분수 놀이가 익숙해지면 분수판을 여러 개 만들어서 분수판을 많이 만드는 사람이 이기는 게임도 해 봐요.

 미리 보는 초등수학

'분수'라는 것은 '하나의 사물이나 양을 정확히 분배하는 것'을 말해요. 처음 분수를 익힐 때 정확한 개념을 잡아 주는 것이 좋아요. 과일을 자를 때, 과자를 나누어 먹을 때 엄마가 정확한 용어를 습관처럼 사용해 주시는 것도 좋아요. 다음은 2학년 분수 문제예요. 참고해 보세요.

똑같이 둘로 나누어진 색종이를 고르시오. ( )

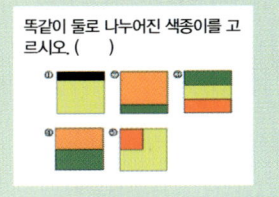

거꾸로 생각해야만 알 수 있는 님 게임

규칙놀이 6세 이상

사고력 수학 학원에 가면 님 게임을 자주 해요. 수학적 재미도 있고, 아이들도 좋아하기 때문이죠.
집에서도 자주 해 주시면 수학이 참 재미있는 놀이라는 걸 알 수 있게 돼요.

놀이 목표
- 거꾸로 생각하는 방법 알기

교과 연계
- 규칙 찾기 – 수

준비물
- 바둑알 13개

이 놀이는요~

수에는 규칙이 있다는 원리를 깨닫게 해 주는 놀이예요. 무작정 가져오려고만 하면 많은 경우의 수가 생기므로 생각하기 어렵죠. 뒤에서부터 거꾸로 바둑알을 몇 개 남길까 생각하면 이기는 방법을 알 수 있어요.

1 두 사람이 가위바위보를 하여 순서를 정해요.

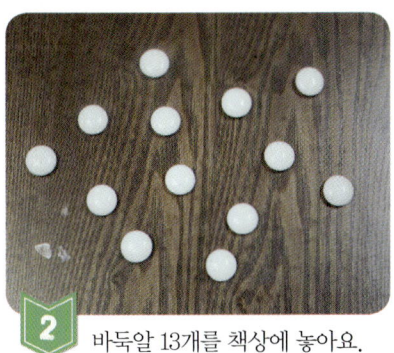

2 바둑알 13개를 책상에 놓아요.

3 자기 차례가 되면 1개 또는 2개의 바둑알을 가지고 오세요.

4 두 사람이 번갈아 가며 바둑알을 가지고 오세요.

5 마지막 바둑알을 가지게 되는 사람이 이깁니다.

민이럽의 수학톡톡

바둑알 13개로 님 게임을 할 때 이기는 방법

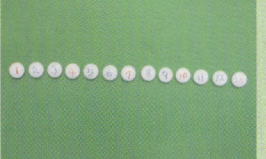

내가 13번째 바둑알을 가지려면 상대방이 11번이나 12번의 바둑알을 가져가야 해요. 그러려면 10번 바둑알을 꼭 내가 가져야겠죠? 내가 10번 바둑알을 가지려면 상대방이 8번이나 9번을 가져가야 합니다. 그러려면 내가 꼭 7번을 가져와야 합니다. 이렇게 뒤에서부터 차근차근 따져보면 내가 4번 바둑알을 가져와야 하고, 그리고 먼저 시작해서 1번 바둑알을 가져오는 것이 유리합니다.

분류란 같은 성질을 가진 것끼리 종류별로 나누어 놓는 것을 말해요.
같은 종류끼리 분류할 수도 있고,
어떻게 분류할지 **기준을 정해** 분류할 수도 있어요.
분류를 하는 이유는 물건을 종류별로 분류해 놓으면
어떤 물건이 얼마나 있는지 쉽게 알 수 있고 찾기도 쉽기 때문이에요.
사물이 가지는 성질을 기준으로 하여 분류를 하게 되면
사물의 성격이나 성질을 파악하게 되니까 아이들의 사고력과
관찰력을 높일 수 있고 변별력도 기를 수 있으며,
다양한 시각으로 사물을 보게 되는 힘도 길러질 수 있어요.

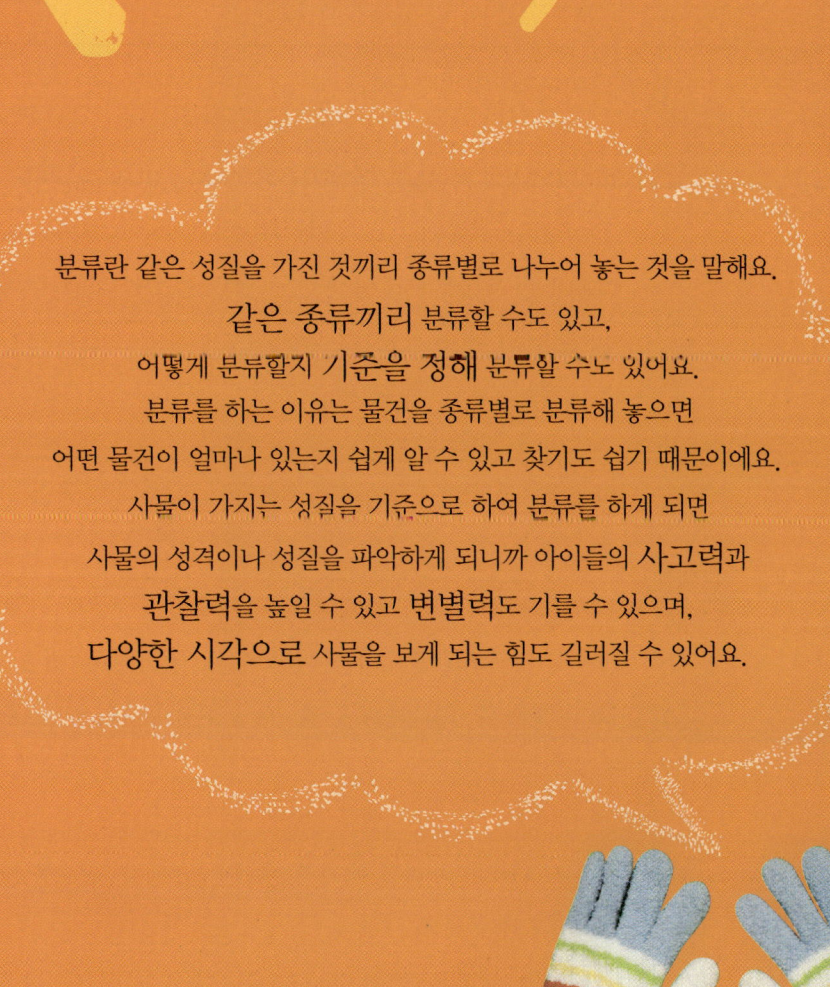

분류 영역, 이것만은 꼭!
몰입도가 높은 아이로 키우려면 '분류 놀이'를 많이 해 주세요

12~36개월의 아이들은 주변 사물에 대한 관심도가 높아집니다. 또 만 2세가 되면 아이들은 사물의 같고 다름을 구별하고 비슷한 것끼리 모을 수 있게 됩니다. 따라서 이 시기의 유아에게는 주변을 마음껏 탐색할 수 있는 기회를 충분히 제공해 주고, 같은 물건 찾기, 다른 물건 골라내기를 충분히 해 보도록 해 주세요.

먼저 집안에서 '같은 성질의 물건 찾기'를 놀이로 진행합니다.
"빨간색 물건들이 어디 있나 엄마랑 같이 찾아볼까?"
"오늘은 동글동글 동그란 모양들을 찾아보자."
"뾰족한 부분도 없고 꺾이는 부분도 없는, 둥그런 곡선만 있는 물건들은 어디에 숨어 있나? 아, 여기에 있네. 동글동글 냄비 뚜껑이 있네. 동글동글 프라이팬도 동그랗네."

36~60개월의 아이라면 두 가지 이상의 물건들을 보고 무엇이 같은지 공통점을 찾아보게 해 주세요.
"텔레비전, 냉장고, 에어컨의 같은 점은 무엇일까? 엄마가 보니까 모두모두 네모 모양이네."
이렇게 엄마가 먼저 말을 건네면 아이도 공통점을 찾기 위해 유심히 사물들을 살펴봅니다. 그리고 아이들은 어른들보다 훨씬 더 많은 부분을 자세히 찾아낸답니다.

"모두 전기 코드를 꽂아야 해요."

"모두 전원 버튼이 있어요."

"모두 전자마트에서 팔아요."

"모두 비싸요."

"모두 전기세를 내야 해요."

"모두 우리 집안에 있어요."

"모두 아빠가 좋아하는 거예요."

공통점을 찾는 연습을 충분히 한 후에는 이제 무엇이 다른지 차이점을 찾아보는 놀이를 합니다. 한두 번 하다 말면 안 되는 거 아시죠? 입만 있으면 할 수 있는 놀이이니 생각 날 때마다 자주자주 물어봐 주세요.

정확하게 분류를 하는 습관이 잡힌 아이들은 모든 물건이나 모든 일들을 건성으로 대충 보지 않습니다. 길거리를 지나가도 간판이나 자동차도 유심히 보고 어떤 숫자, 어떤 번호를 붙여 놓았는지, 앞뒤가 어떻게 다른지, 어떤 모양인지 자세히 알아내죠. 사람들을 만나도 그 사람의 특징을 유심히 보아 오래도록 그 사람을 기억하며, 특히 자신이 좋아하는 일이나 책, 공부를 만나면 몰입도가 남다릅니다. 그리고 어떤 것의 공통점과 차이점을 구분해 내는 능력은 이후에 분석력, 정보처리능력, 문제해결력, 독창성, 논리적인 사고력으로 발전해 나가요. 그래서 무엇보다도 애착심, 과제 집착력이 강한 아이로 커서 학교 생활이 즐겁고 매사 적극적인 학생이 되더라고요.

무엇이 무엇이 똑같을까? # 양말 짝 찾기

규칙놀이 4세 이상

유아수학에서 가장 기본적인 개념은 '분류'입니다. 엄마가 빨래 갤 때 아이들이 너무 해 보고 싶어하죠? 오늘부터 양말 개기는 아이에게 맡겨 보세요. '분류'는 확실하게 뗄 수 있어요.

놀이 목표
- 단순분류
- 분류하여 세어 보기

교과 연계
- 규칙 찾기
- 규칙과 대응
- 분류하기

준비물
- 양말 여러 켤레

이 놀이는요~

양말 짝찾기는 분류에서 가장 초보적인 단계의 활동으로, 동일한 모양이나 색깔, 크기를 지닌 물체 내지는 한 쌍 또는 그와 같은 기능을 하는 물체들을 이용하여 짝을 짓게 하는 활동이에요. 이 외에도 장갑, 신발, 젓가락 짝찾기 등이 있어요.

1 빨래에서 양말만 빼서 바닥에 쭉 펼쳐 놓아요.

2 가족 중 누구의 양말인지 맞혀 봅니다. 엄마 양말과 아이 양말의 크기는 얼마나 차이 나는지도 얘기하다 보면 가족애가 생겨요.

3 양말 한 짝을 들고 짝이 되는 양말은 어느 것인지 아이에게 찾아보게 합니다.

4 짝을 찾은 양말을 예쁘게 개어 보아요.

5 다 갠 양말이 모두 몇 켤레인지 세어 보아요.

6 양말처럼 둘이 짝이 되어야 하는 것은 또 무엇이 있는지 얘기해 보세요.

> **Tip** 아이가 어리다면 엄마가 손으로 대신 짚어 주고 아이의 수 세기를 유도하셔도 좋아요.

이렇게도 놀아요

단추 구멍 찾기

아빠 와이셔츠 단추, 엄마 블라우스 단추, 아이 티셔츠 단추, 바지 단추, 코트 단추 등 집에 하나씩 떨어져서 모아둔 단추가 많이 있지 않나요? 오늘은 그 단추들의 공통점을 찾아보아요. 단추 구멍이 2개 있는 것, 단추 구멍이 4개 있는 것끼리 모아 보세요. 매끈매끈하고 동글동글한 단추를 만지면서 구멍이 같은 것끼리 찾다 보면 수학적 분류 감각이 확실해져요.

구분 능력이 쑥쑥 자라는 **콩나물 다듬기**

분류놀이
4세 이상

오늘 저녁 반찬은 뭘로 할까요? 아이들은 엄마가 부엌일을 할 때면 유독 관심을 보이며 같이 하고 싶어하죠. 셰프, 부셰프 역할 놀이로 재미있게 수학을 익혀 보아요.

놀이 목표
- 단순분류

교과 연계
- 분류하기
- 규칙 찾기

준비물
- 콩나물, 접시 2개

이 놀이는요~

분류의 종류에는 사물을 한 가지 속성에 의해 구분하는 '단순분류'와 두세 가지 이상의 속성을 한번에 구분하는 '복합분류'가 있어요. 콩나물 다듬기는 먹을 수 있는 부분과 먹을 수 없는 부분이라는 한 가지 특징을 기준으로 분류하는 단순분류에 속해요.

1 오늘의 셰프에게 예쁜 앞치마를 입혀서 함께하는 기쁨을 만끽하게 해 주세요.

2 콩나물을 깨끗이 씻어 접시에 준비해 주세요.

3 무엇을 기준으로 구분해야 하는지 얘기해 주세요.

"콩나물 무침을 할 건데, 지원이가 콩나물의 꼬리 부분을 떼어내서, 먹을 수 있는 부분과 버려야 하는 부분으로 분류해 줄래?"

Tip 요즘은 꼬리를 안 떼기도 하죠? 그렇다면 껍질만 떼어내서 분류하게 하셔도 돼요.

4 콩나물의 먹는 부분과 꼬리 부분을 각각 다른 접시에 놓아 분류할 수 있게 도와주세요.

5 콩나물을 잘 다듬은 아이를 한껏 칭찬해 주세요.

이렇게도 놀아요

문구류 정리하기

책상 위, 서랍 속, 아이 방 구석구석을 돌아다니는 각종 색연필, 사인펜 등의 문구류들을 그동안 엄마 혼자 정리하셨다고요? 이제부터는 아이와 함께 깨끗이 정리해 보세요. 갖가지 통에 연필 종류, 사인펜 종류, 지우개들, 각각의 쓰임새에 따라 분류하다 보면 물건들은 정리되어 좋고 아이 수학 공부도 저절로 된답니다.

붙고 안 붙고 기준이 뭐지? 자석 분류

표놀이 5세 이상

풀칠도 하지 않았는데 척척 달라붙는 '자석'이라는 신기한 물건의 세계에 아이들은 흠뻑 빠져듭니다.
이것저것 마구마구 붙여 보다가 '이건 왜 안 붙지?' 하며 고개를 갸우뚱하는 모습이 어찌나 귀여운지요.

놀이 목표
- 자석의 성질
- 소재에 따른 단순분류

교과 연계
- 분류하기
- 표 만들기
- 자석의 성질 (과학)

준비물
- 자석

이 놀이는요~

자료를 분류해서 표로 정리하는 것은 수학에서 '확률과 통계'의 영역에 속하죠. 이 놀이는 어떤 물건은 자석에 붙고, 어떤 물건은 붙지 않는지를 간단한 표로 정리하는 연습을 해 볼 수 있어요.

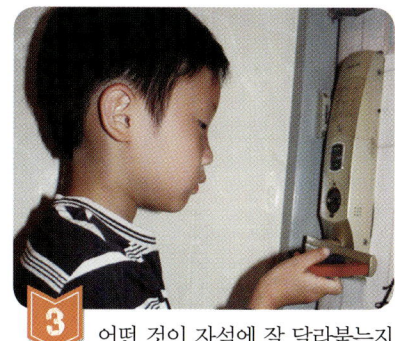

1 자석이 어떤 건지 만져 볼까요? 자석 2개를 준비해서 자석끼리 붙여 보세요.

"다른 색깔끼리는 척척 달라붙는데, 같은 색끼리는 밀어내네? 힘도 세~다."

2 자석을 들고 집안 곳곳 자석탐험에 나서 봅니다. 이때 엄마의 행동과 말투를 형사나 탐정이 범인을 잡기 위해 하는 것처럼 해 주세요.

"자, 자석을 들고 우리 집 물건들을 조사하러 가 볼까?"

3 어떤 것이 자석에 잘 달라붙는지 관찰해 보세요.

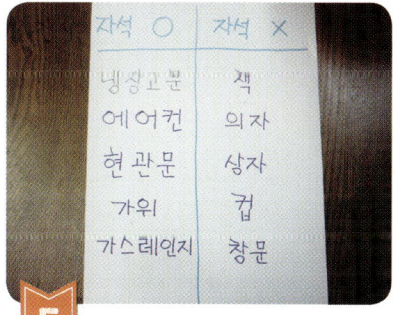

4 어떤 것이 자석에 붙지 않는지도 살펴보아요.

5 '자석에 붙는 물건'과 '자석에 붙지 않는 물건'을 표로 만들어 적어 보아요.

6 표를 벽에 붙여 놓고 가족들에게 발표해 볼까요? 마치 교수님이 된 것처럼요. 가족들은 진지하게 들어 주세요.

이렇게도 놀아요

머리 몸통 배 자석퍼즐

준비물 200ml 우유팩 3개, 흰종이, 색연필

200ml 우유팩 3개를 깨끗이 씻어 말립니다. 준비된 우유팩 사방에 흰 종이를 붙인 후 세 장이 한 세트가 되도록 머리, 몸통, 다리로 나누어 그림을 그립니다. 우유팩의 위아래에 자석을 붙인 후 완성된 우유팩으로 퍼즐 맞추기를 하면 아이들이 아주 즐거워합니다.

경제 관념을 길러 주는 동전 분류하기

분류놀이 6세 이상

집에 한두 개씩은 있는 돼지저금통. 은행에 바꾸러 갈 때면 먼저 동전을 분류해야 하죠?
이걸 이제부터 아이한테 한번 맡겨 보세요. 경제관념도 생기고 수학공부도 되니 일석이조네요.

놀이 목표
- 크기별 단순분류
- 종류별 단순분류
- 두 자리, 세 자리의 덧셈

교과 연계
- 분류하기
- 네 자리 이하의 수
- 덧셈과 뺄셈

준비물
- 동전 가득한 돼지저금통

이 놀이는요~

초등 저학년 수학 문제를 보면 여러 가지 종류의 동전을 사용하여 물건을 구입하라는 문제들이 자주 등장합니다. 평소에 동전을 가지고 물건을 사 본 아이들이 이러한 문제 유형에 강한 것은 당연한 결과이겠죠? 동전의 종류를 알고 10원이 10개 모이면 100원, 또 50원 2개가 모이면 100원이 된다는 것도 실생활을 통해 알게 되는 것이 좋습니다.

1 집에 돼지저금통을 마련해 동전이 생기면 수시로 넣어 주세요. 아이에게 저축하는 좋은 습관도 생겨요.

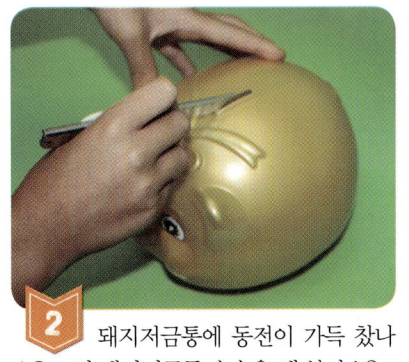

2 돼지저금통에 동전이 가득 찼나요? 그럼 돼지저금통 수술을 해 볼까요?

> **Tip** 하얀 가운이나 남방을 입고 의사가 진짜 수술하는 것처럼 해 보세요. 아이의 장래희망이 의사로 바뀔지도 모른답니다. ^^

3 책상 위에 동전을 펼쳐 놓고 어떤 종류의 동전이 있는지 아이와 얘기를 나누어요.

"와~ 우리가 저금을 많이 했네. 부자되겠다! 은행에 가기 전에 동전을 분류해 보자. 어떤 동전들이 있지? 10원짜리, 50원짜리, 100원짜리, 500원짜리 동전이 있네."

4 동전을 종류별로 분류해 10개씩 쌓도록 합니다. 동전 종류대로 10개씩 쌓는 과정을 통해 자연스럽게 '10묶음수' 개념이 잡힙니다.

5 돈을 셀 줄 아는 아이라면 10개씩 쌓은 동전을 세어 보고, 더 큰 단위로 묶어 봅니다.

"10원, 20원, 30원… 80원, 90원, 100원. 10원짜리가 열 개 모이면 100원이네."

6 동전의 합계도 구해 봅니다. 동전으로 돈 계산을 하다 보면 세 자리 수의 덧셈, 뺄셈도 쉽게 익힐 수 있어요.

노랗고 동그란 것은 어디? 도형 매트릭스 1

복합분류놀이 4세 이상

초등수학에서 '도형'은 아이들이 어려워하는 부분입니다. 하지만 어린 시절부터 조작을 통해 도형에 익숙해진 아이들이라면 도형 돌리기, 도형 옮기기, 도형 뒤집기를 손쉽게 해낸답니다.

놀이 목표
- 색과 모양에 따른 복합분류

교과 연계
- 평면도형의 모양
- 규칙 찾기

준비물
- 주사위 2개
- 색종이
- 도화지

이 놀이는요~

도형을 색과 모양에 따라 이중으로 분류하는 것은 분류의 종류 중 '복합분류'에 속합니다. 색으로 분류하고 모양에 따라 재분류해 보면서 순차적인 사고를 기르고, 두세 가지 조건을 동시 분류하는 활동은 한 가지 사물이 여러 가지 기준에 포함될 수 있다는 것을 알게 해 줍니다.

1 주사위에 5가지 색깔의 색종이를 도형 각 면에 붙여 '색깔 주사위'를 만듭니다.

> **Tip** 이때 색종이는 일정한 모양이 없게 붙여 주세요. 그래야 아이들이 도형 주사위와 혼동하지 않아요.

2 1번 주사위의 나머지 한 면에는 '별'이나 '하트' 스티커를 붙여 일종의 조커를 만듭니다. 주사위를 던져서 스티커면이 나오면 원하는 색깔을 선택할 수 있습니다.

> **Tip** 이때 색깔은 색깔 주사위에 없는 색으로 해야 아이들이 혼동하지 않아요.

3 삼각형, 사각형, 원, 반원, 마름모 등 5가지 모양의 도형을 주사위 각 면에 붙여 '도형 주사위'를 만듭니다. 나머지 한 면은 별이나 하트 스티커를 붙입니다.

4 사진과 같이 6×6 매트릭스판을 준비해 주세요. 가로 첫 줄에는 색깔을, 세로 첫 줄에는 도형을 붙여 주세요. 판은 사람 수만큼 준비합니다.

5 표에 붙인 다섯 가지 도형을 표에 붙인 색깔별로 사람 수만큼 준비합니다.

6 두 개의 주사위를 동시에 던져서 나온 도형을 찾아요.

"색깔 주사위는 노란색이고, 모양은 동그라미가 나왔네! 노오란 동그라미야~ 어디 있니?"

> **Tip** 아이가 찾기 힘들어하면 엄마도 같이 찾는 시늉을 하면서 정답 주변에 손가락을 맴돌아 주세요. 엄마의 도움이 없이 아이가 찾는 것처럼요. 짜고 치는 고스톱(?) 아시죠? ㅎㅎ

7 찾은 도형을 어느 자리에 놓아야 하나 찾아보아요. 찾으면 아시죠? 칭찬 백 배!

> **Tip** 자리를 찾을 때는 손가락으로 노란색 줄 세로를 푸욱, 마찬가지로 동그라미줄을 손가락으로 가리켜 주세요.

8 자신이 가지고 있던 도형을 먼저 다 붙인 사람이 이깁니다.

도형과 상상력의 만남 # 도형 매트릭스 2

구성놀이
4세 이상

동그라미, 세모, 네모는 참 쉬운데, 원, 정삼각형, 정사각형, 마름모… 이런 용어는 왠지 어렵게 느껴지죠?
놀이를 통해 엄마가 도형 이름을 여러 번 불러 주면서 귀에 익숙하게 해 주는 첫 만남의 시간을 가져 보아요.

놀이 목표
- 도형의 기본 성질 익히기

교과 연계
- 분류하기
- 여러 가지 모양
- 규칙 찾기

준비물
- 7가베(7가베가 없다면 색종이를 잘라서 사용해도 좋아요.)

이 놀이는요~

주사위를 던져 나온 도형을 비교하며 찾고 만지는 동안 도형을 분류하고 조합하는 능력이 크게 향상됩니다. 특히 이 놀이는 도형의 조합을 통해 아이들의 구성력·표현력까지 향상시킬 수 있으니 그야말로 일석이조의 놀이입니다.

1 사진과 같이 6×6 매트릭스판을 준비해 주세요.

Tip 가장 윗줄의 빈칸에 아이의 사진을 붙여 주시면 자기 것이라는 생각에 더 소중히 여기게 되지요.

2 빨간색과 파란색 주사위를 준비해, 각각에 5가지 도형(원, 반원, 정삼각형, 정사각형, 마름모)을 붙입니다. 주사위의 나머지 한 면에는 별이나 하트 모양의 스티커를 붙여 주세요.

Tip 주사위를 던졌을 때 별이나 하트 모양이 나오면 내가 원하는 모양을 선택할 수 있는 특권이 주어져요. 경우에 따라 꽝으로 해도 재미있어요.

3 두 개의 주사위를 던져서 나온 모양을 여러 모양 조각 중에서 찾으세요.

4 만약 빨간색 주사위는 반원이 나오고, 파란색 주사위는 삼각형이 나왔다면 해당 도형을 찾아 위의 사진과 같이 원하는 모양을 만들어서 놀아요. 이름도 말해 보아요.

5 매트릭스에서 빨간색 도형과 파란색 도형의 자리를 찾아 자기가 만든 모양을 올려 놓으세요. 창의적인 모양으로 매트릭스판을 먼저 채우는 사람이 이겨요.

이렇게도 놀아요

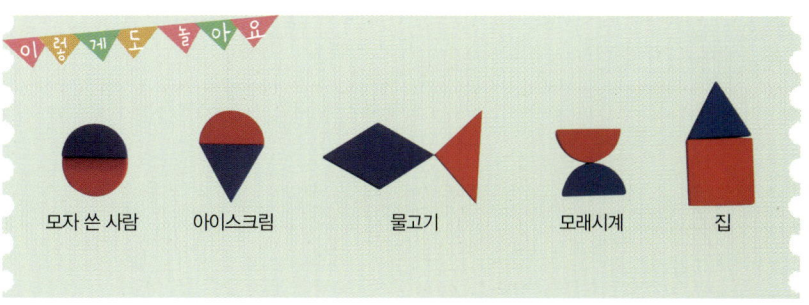

모자 쓴 사람   아이스크림   물고기   모래시계   집

환경 사랑 수학 사랑 재활용쓰레기 분리수거

분류놀이 4세 이상

어른들에겐 무척 간단한 일도 아이들에겐 커다란 도전이 되는 경우가 많습니다. 분리수거도 마찬가지. 아이들에게 기준대로 분류하는 일을 연습할 수 있도록 게임과 실생활 모두에서 분리수거의 경험을 시켜 주세요.

놀이 목표
- 재료에 따른 단순분류
- 환경을 보호하는 마음

교과 연계
- 분류하기

준비물
- **원판 만들기 재료**
  두꺼운 도화지, 색마분지, 풀, 할핀 2개
- 색종이
- 재활용품 그림 (종이류, 캔류, 소주병류, 유리병류, 우유팩, 플라스틱류)
- 우유팩 6개

이 놀이는요~

재활용 쓰레기의 종류를 알게 되면 자연 보호하는 태도를 기를 수 있어요. 물건을 만들 때 사용하는 재료(재질)를 기준으로 분류하여 단순분류의 개념을 익혀요.

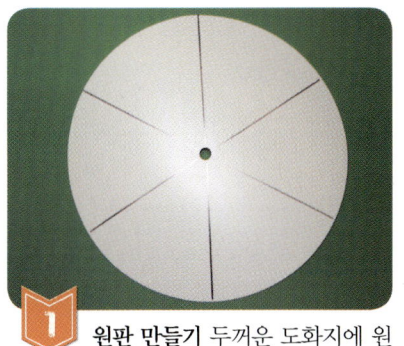

1 **원판 만들기** 두꺼운 도화지에 원을 그려 오린 후 6칸이 되도록 선을 긋고 가운데에 구멍을 뚫습니다.

2 색마분지에 화살표를 그린 후 오려 끝부분에 구멍을 뚫은 후, 원판 가운데에 할핀으로 고정시킵니다.

3 마트 전단지에서 〈종이류〉, 〈캔류〉, 〈소주병류〉, 〈유리병류〉, 〈우유팩〉, 〈플라스틱류〉에 해당하는 사진을 오립니다. 종류별로 여러 장 오리고, 그 중 한 장을 원판에 붙입니다.

4 다 먹은 200ml 우유팩을 준비합니다. 윗부분은 잘라내고 색종이로 예쁘게 꾸며 주세요.

5 6개의 우유팩에 각각 〈종이〉, 〈캔〉, 〈소주병〉, 〈유리병〉, 〈우유팩〉, 〈플라스틱〉이라고 이름을 쓰고 해당 그림을 붙입니다.

6 나머지 그림들은 종류별로 2개씩 나누어 가집니다.

7 원판의 화살표를 신나게 돌려 주세요.

8 화살표가 가리키는 쓰레기의 종류를 집어서 분리수거통에 넣어요. 내 쓰레기를 먼저 분리수거통에 다 넣은 사람이 이깁니다.

과학과 수학의 만남 **반짝반짝 꼬마전구** 〔복합분류놀이 6세 이상〕

동네 문방구는 아이들이 좋아하는 물건들을 수백 가지 보유하고 있죠? 오늘은 꼬마전구 실험세트로 즐겁게 놀아 볼까요? 신나게 실험하는 동안 과학 머리가, 표로 분류하는 동안 수학 머리가 쑥쑥 자라납니다.

놀이 목표
- 사물의 두 가지 특징을 순차적으로 분류해 보는 복합분류

교과 연계
- 분류하기
- 표 만들기
- 자료의 표현과 해석

준비물
- 꼬마전구 실험세트
- 실험보고서
- 큰 플라스틱통
- 클립, 나무젓가락, 철사, 고무풍선, 쇠막대, 연필, 지우개 등

이 놀이는요~

물에 뜨는 성질을 이용해 1차적으로 분류하고, 전기가 통하는 성질을 이용해 다시 2차적으로 분류해 보면서 눈으로 볼 수 없는 사물의 속성을 이해하게 돼요. 또한 이렇게 분류한 것을 분석하고 종합하는 표를 만들어 보면서 순차적인 사고능력을 기르고 한 가지 사물이 여러 가지 기준에 포함될 수 있음을 알게 됩니다.

1 실험보고서는 '물에 뜨는 것/안 뜨는 것'을 적는 것과 '물에 뜨는 것/안 뜨는 것' 중 전기가 통하는 것/안 통하는 것'을 적는 보고서, 총 2가지 종류로 미리 만들어 놓아요.

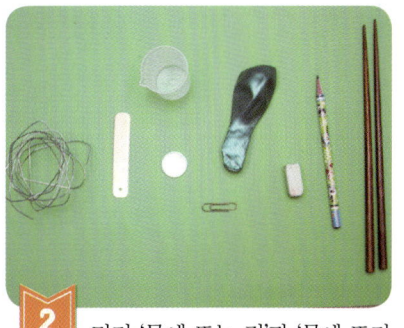

2 먼저 '물에 뜨는 것'과 '물에 뜨지 않는 것'을 실험할 거예요. 집에 있는 여러 가지 물건들(나무젓가락, 플라스틱컵, 클립, 쇠막대, 동전, 연필, 지우개, 고무풍선 등)을 준비해 주세요.

3 실험하기 전에 물건들을 살펴보고 '물에 뜨는 것'과 '물에 뜨지 않는 것'은 어떤 것일지 한번 생각해 보아요. 표에도 써 볼까요?

4 이제 직접 실험을 통해 알아볼까요? 큰 플라스틱통에 물을 반쯤 채우고 물건들을 하나씩 넣어 보세요.

5 어느 것이 물에 뜨는지, 가라앉는지 살펴보세요.

6 실험 전 생각과 같은지 비교해 보고 표에 적어 보아요.

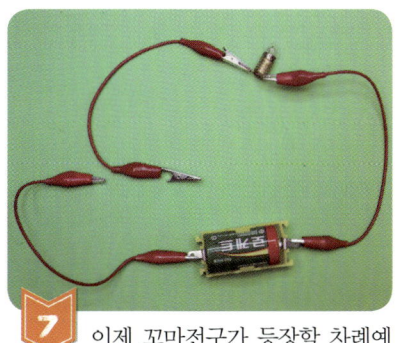

7 이제 꼬마전구가 등장할 차례예요. 꼬마전구를 꺼내 전기 회로를 그림과 같이 연결해 주세요.

8 앞서 실험한 각각의 사물들을 전기회로에 하나씩 연결해서 불이 들어오는지 실험해 보세요.

9 전기가 통하는 물건과 전기가 통하지 않는 물건들을 구분해 보고 과학실험 보고서를 작성해 볼까요? 표에 적어 보고 가족들에게 발표해 보아요.

PART 3
측정 놀이

측정이란 물건들의 특성을 비교할 수 있게 숫자를 부여하는 것을 말해요. 측정할 수 있는 물체의 특성에는 <u>길이, 넓이, 깊이, 부피, 무게, 온도, 시간</u> 등이 있어요. 측정을 할 때는 이 특성 중에서 무엇을 측정할 것인지, 어떤 단위와 측정 기술을 사용할 것인지를 고려해야 해요. 유아기에는 실제 측정도구(자, 저울 등)을 사용하기 이전에 아이들에게 익숙한 <u>작은 물체로 큰 물체를 재어 보는 활동</u>을 해서 수학적 개념과 어휘를 이해하도록 하는 것이 더 좋아요.

누가 누가 클까요? 신체검사놀이

측정놀이 5세 이상

아이들이 좋아하는 장난감을 이용하면 신나는 놀이수업이 가능해집니다. 인형을 좋아하는 아이들이라면 단연 인형으로 수학의 기본 개념을 익히게 해 주는 것이 가장 효과 만점이랍니다.

놀이 목표
- 길이 비교
- 순서수 익히기 (첫째, 둘째, 셋째…)

교과 연계
- 5까지의 수
- 비교하기
- 길이 재기

준비물
- 키(높이)가 다른 인형 5개

이 놀이는요~

키뿐만 아니라 무게, 넓이, 굵기 등을 기준으로 비교해 보고, 차이에 따라 순서 짓기를 경험해 보세요. '가장 ~한'의 최상급 어휘를 익히고 실생활에서 사용해요. 표현력이 훨씬 더 풍부해져요.

1 크기가 다른 인형을 5개 준비해 주세요.

"오늘은 인형들의 신체검사 날이에요."

2 두 개의 인형을 바닥에 대고 누구 키가 더 큰지 비교해서 말해 보아요.

"북극곰과 팬더곰 중 누가 더 키가 큰가요?"

3 2의 인형 중 하나와 또 다른 인형의 키를 재어 보고 어느 것이 더 큰지 말해 보아요.

4 같은 방법으로 5개 인형의 키를 비교해 보고, 키가 가장 큰 인형부터 가장 작은 인형까지 순서대로 세웁니다.

5 가장 키가 큰 인형에게 숫자 "1" 스티커를 붙이고 '첫 번째'라고 불러 주세요.

6 5번까지 다 붙인 다음 첫 번째, 두 번째, 세 번째… 하나하나 짚으며 말해 보아요.

이렇게도 놀아요

인형들의 출석부

인형들의 출석부도 만들어 보아요. 이름표를 만들어 인형에게 붙여 주고, 출석부도 만들어 주세요. 이름표와 출석부는 다양한 변형이 가능해요. 하루는 '똑똑한 순서'대로, 또 다른 날은 '예쁜 순서'대로, 또 어떤 날은 '노래와 춤을 잘하는 순서'대로 출석부를 만들고 칭찬카드도 만들어 보면 아주 재미있으면서, 순서 수에 대한 어휘도 확실히 익힐 수 있어요. 덤으로 이름표와 칭찬 스티커로 인해 한글놀이까지 된답니다.

멀리멀리 날아라 종이비행기

> 단위놀이
> 3세 이상

떴다 떴다 비행기 날아라 날아라~ 멀리멀리 날아라 우리 비행기~~ 날씨가 좋은 날엔 온 가족이 종이비행기를 날리며 신나게 운동장을 누벼 보세요. 추억도 쌓고 거리 개념도 함께 익히면 참 좋겠죠?

놀이 목표
- 단위길이
- 거리

교과 연계
- 길이 비교하기
- 단위길이로 길이 재기

준비물
- 색종이

이 놀이는요~

종이비행기를 날리며 길이의 개념을 배워요. 단순히 누구 비행기가 더 멀리 날았나 보는 것보다 발자국이나 손바닥뼘으로 직접 재어 보면서 초등 수학에 등장하는 '단위길이'에 대한 기본 원리를 알아보는 것이 더 좋아요.

1 종이비행기를 접어 보아요. 만약 아이가 접는 것을 힘들어 하면 엄마가 접어 주셔도 좋아요.

2 운동장에 나가 종이비행기를 힘껏 날려 보아요. 가족이 함께 날리며 비교할 때는 운동장 바닥에 선을 그어 출발선을 표시해 주세요.

3 비행기가 날아간 지점까지 몇 발자국인지 직접 재어 보아요. 발뒤꿈치를 꼭 붙여서 재어야 하지만 아이가 힘들어 한다면 꼭 발을 붙이지 않아도 된답니다.

"우와~! 성혁이 비행기가 멀리 날아갔네. 얼마만큼인지 우리 한번 재어 볼까? 성혁이 발자국으로 몇 발자국이지?"

4 가족 중 누구의 비행기가 가장 멀리 날았는지 비교해서 말해 보세요.

"공정하게 성혁이가 엄마, 아빠 비행기 거리까지 다 재어 줄래?"
"아빠 비행기는 5발자국, 엄마 비행기는 2발자국, 내 비행기는 6발자국이에요. 내 거가 가장 멀리 날아서 1등이에요!!"

5 이번에는 비행기가 떨어진 곳까지 손가락을 최대로 벌려 뼘으로도 재어 보세요. 그리고 누구의 비행기까지 뼘 수가 가장 많은지 비교하여 말해 보세요.

"이제 단위를 바꾸어서 손으로도 재어 볼까? 엄지손가락부터 새끼손가락까지 쫙 펼쳐서 몇 뼘인지 재어 보자."

5, 6세까지의 아이라면 비행기를 날리고 발바닥이나 손바닥으로 거리를 재어 보는 것까지만 하여도 충분하지만, 아이가 6, 7세쯤 되었다면 집에 돌아와서 바깥놀이를 정리해 보는 습관을 갖는 것이 좋아요. 표로 만들어서 누구 비행기가 가장 멀리 날았는지, 누구 비행기가 가장 짧게 날았는지 비교해 보고 말해 보아요.

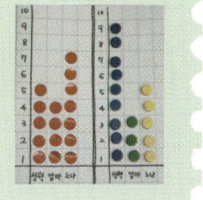

재 본 만큼 잘 푼다! 줄자로 놀기

측정놀이 4세 이상

문방구에서 파는 저렴한 줄자는 훌륭한 수학 교구예요. 줄자를 아이 손에 들려 주고 집 안을 돌아다니며 각종 물건들을 재어 보게 하세요. 가끔 엄마 허리둘레도 재어 보시면 다이어트 효과도 만점!

놀이 목표
- 길이 비교
- 길이의 단위(cm, m)

교과 연계
- 길이 재기
- 길이와 시간

준비물
- 줄자

이 놀이는요~

수학의 영역 중 측정 영역을 익힐 때는 실제 물건의 길이를 재어 보거나 액체의 양을 측정해 볼 수 있도록 실생활에서 많은 기회를 주세요. 길이 단위를 나타낼 때 쓰이는 표준 단위인 mm, cm, m, km는 평소 생활에서 접할 때마다 설명해 주세요.

1. 줄자를 살펴보고 우리 주변에서 줄자를 이용해 길이를 재어 보고 싶은 것을 생각해 보아요.

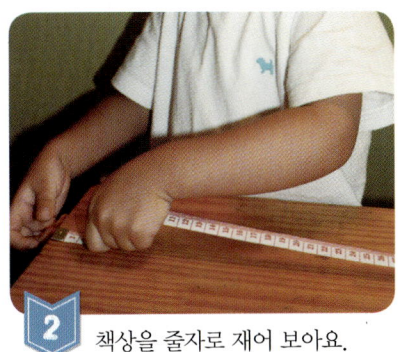
2. 책상을 줄자로 재어 보아요.

3. 냉장고도 줄자로 재어 보아요. 아이가 잘 못 재면 엄마가 도와주셔도 됩니다.

4. 자동차 장난감도 줄자로 재어 볼까요?

5. 주스병의 높이도 줄자로 재어 보아요. 이때 '높이'와 '넓이'의 차이를 익혀 주셔도 좋아요.

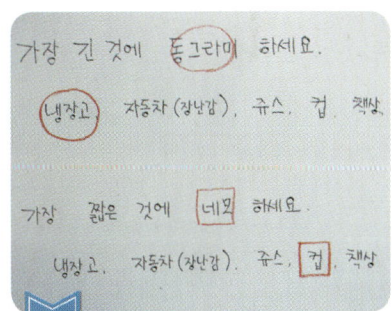
6. 줄자를 이용해 재어 본 물건 중에 가장 길이가 긴 (줄자의 숫자가 큰) 물건은 무엇인지, 가장 짧은 것은 무엇인지 얘기해 보아요.

이렇게도 놀아요

줄자로 키 재기 & 지름 재기

아이들은 자신의 신체에 대한 호감도가 높아요. 줄자를 이용해서 아이의 키가 얼마인지 재어 보고, 센티미터로 얘기해 주세요. 길이의 단위명칭을 정확히 알게 돼요. 아이가 크다면 줄자를 이용해 종이컵의 길이를 재면서 원의 지름에 대해 알아보는 활동을 해 보는 것도 좋습니다. 아이는 종이컵을 잴 때 가장 긴 길이가 '원의 지름'이라는 것을 이 활동을 통해 익힐 수 있게 됩니다.

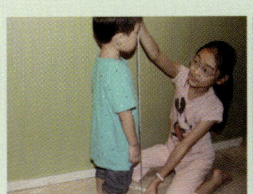

'시간'과 '시각'을 익혀요! 오래오래 버티기

측정놀이 4세 이상

정말 피곤해서 그냥 좀 쉬고 싶은데 눈치 없는 아이는 "놀아 줘~"를 연발하는 날. 이럴 때 안성맞춤인 놀이예요. 엄마는 편안히, 아이는 활동력 있게, 그러나 웃음과 행복은 함께할 수 있어요.

놀이 목표
- 시간
- 균형감각 및 집중력

교과 연계
- 시간 알아보기

준비물
- 스톱워치

이 놀이는요~

'시각'이란 시간의 어느 한 지점을 말하고, '시간'이란 어떤 시각에서 어떤 시각까지의 사이를 말합니다. 예를 들면, "지금 시각은 1시 20분입니다.", "1시부터 3시까지는 2시간입니다."처럼 말해요.

1 스톱워치를 준비해 주세요. (요즘 핸드폰에는 대부분 스톱워치 기능이 있어요)

2 "시작" 구령에 맞춰서 한 발을 들어 주세요.

3 한발을 들고 균형을 잡고 오래 버텨 보아요. 이때 엄마는 시간의 흐름을 "1초, 2초, 3초…"로 말해 주세요.

4 자, 다시 한 번 해 봅니다. 이제 몇 초 동안 서 있었는지, 최고기록은 몇 초인지, 최저기록은 몇 초인지 확인해 보세요.

5 이번엔 형이 도전해 봅니다. 형은 몇 분이나 버틸까요? 기록을 서로 비교해 보세요.

Tip 초등학생 아이라면 스톱워치 대신에 시계를 이용해 시작 시간과 끝 시간을 기록하고, 아이에게 자신이 버틴 시간을 계산하게 하세요. 놀이를 할 때마다 자주 연습하면 초등 1, 2, 3학년 때 '시각 읽기' 단원은 문제없답니다.

이렇게도 놀아요

젓가락으로 콩 옮기기

타이머로 1분의 시간을 맞춰 놓고 그 시간 안에 젓가락으로 콩을 몇 개나 옮기는지 세어 보아요. 생각보다 콩이 잘 집어지지 않으니 아이가 젓가락질을 할 수 있는 나이에 하는 것이 좋아요. 5, 6세 아이라면 에디슨 젓가락을 사용해도 좋고 잘 미끄러지지 않는 나무젓가락을 써도 돼요. 방법을 바꿔서 콩 10개를 옮기는 데는 몇 초 혹은 몇 분이 걸리는지 시간을 재어 보는 것도 좋아요.

적의 침입을 막아라! # 모래사장 요새놀이
_{측정놀이 4세 이상}

올 여름 피서는 어디로 가시나요? 바닷가로 가신다고요? 그럼 두꺼비집, 모래성 지을 때 사용할 수학도 몰래 데려가 보세요.^^

놀이 목표
- 깊이
- 들이

교과 연계
- 비교하기
- 들이와 무게

준비물
- 삽 (모종삽 또는 장난감 삽도 괜찮아요)

이 놀이는요~

초등 교과서에 등장하는 '들이'라는 개념이 다소 낯선 분들도 계시죠? '들이'의 사전적 의미는 '통이나 그릇 따위의 안에 넣을 수 있는 물건 부피의 최대값'입니다. 쉽게 말하자면 '그릇 안에 담을 수 있는 용량'이죠. 단위로 ml, l을 쓰는데, 생활 속에서 우유, 생수병, 콜라병 등을 보여 주며 200ml, 500ml, 2l가 얼마나 되는 양인지 가늠하게 해 주시면 좋아요.

[놀이1] 모래터널 만들기

1 모래 위에서 바다 쪽으로 길게 물길을 파 주세요.

2 모두 힘을 모아서 여러 개 파세요. 얼마만큼의 깊이로 물길을 파야 할지, 웅덩이의 깊이는 어떻게 할 것인지 얘기해 보아요.

3 파도가 쳐서 물이 웅덩이 속으로 들어왔을 때 어떤 웅덩이 속에 물이 많은지 비교해 보아요.

[놀이2] 모래사장 요새놀이

1 바닷가 모래사장에서 웅덩이를 파 주세요. 파기 전에 몇 cm 깊이로 팔지 아이와 의논해서 결정합니다.

2 삽질은 몇 번이나 했는지 아빠의 삽과 아이의 삽 크기도 비교해 보세요.

3 온 가족이 다 들어가고도 남는 웅덩이를 파고 그늘막도 치고 적군이 쳐들어오지 못하게 요새놀이를 해요.

> **Tip** 아이들은 길이 개념이 정확하지 않기 때문에 "10cm" 또는 "200cm" 식으로 말해 버립니다. 그럼 아이가 말한 길이가 어느 정도인지 손이나 팔을 이용해 보여주고 길이를 조정합니다.

이렇게도 놀아요

놀이터에 예쁜 연못 만들기

모래가 있는 놀이터에 가 볼까요? 체로 고운 모래를 골라요. 입자가 굵은 모래, 가는 모래를 비교할 수 있어요. 입자가 고운 모래로는 예쁜 입체도형도 만들 수 있지요. 놀이터에 모인 친구들과 힘을 모아 작은 연못도 만들어 보아요. 웅덩이를 파고 비닐을 깐 다음 물을 부어요. 예쁜 연못을 완성할 수 있어요. 장난감 배로는 물을 몇 번 부어야 연못 속에 물이 가득 찰까요? 들이의 개념도 익혀 보아요.

초콜릿을 입은 수학! 쿠키 만들기

> 측정놀이
> 5세 이상

요리는 아이들이 가장 좋아하는 멋진 수학놀이예요. 밀가루, 설탕, 버터 등의 재료들을 저울에 직접 재어 보면서 양의 '무게'와 무게를 잴 때 사용하는 '단위'들도 익힐 수 있답니다.

놀이 목표
- 무게
- 무게의 단위

교과 연계
- 여러 가지 단위
- 넓이와 무게

준비물
- 밀가루(박력분) 150g
- 설탕 80g
- 버터 100g
- 코코아 가루 20g
- 계란 1개
- 초코칩 100g
- 베이킹파우더 2g
- 아몬드 가루 50g

이 놀이는요~

라면, 호떡믹스 같은 비교적 단순한 요리도 조리법을 보고 이해하려면 많은 수학적 단위들을 알고 있어야 합니다. 무게를 나타내는 단위 g, kg과 액체의 양을 나타내는 단위 ml, l 등 초등교과의 수학개념을 요리를 통해 즐겁게 배울 수 있습니다.

1 밀가루와 설탕 등 재료의 분량을 저울에 재요. 재료를 저울 위 그릇에 부어 주시고, 아이가 저울의 눈금을 정확히 보게 해 주세요.

"밀가루는 150g이 필요하단다."

2 버터를 녹이고 달걀을 섞어 저어 주세요.

3 녹인 버터에 체에 친 밀가루와 베이킹파우더, 코코아 가루 그리고 아몬드 가루를 섞어 반죽을 완성해 주세요.

4 쿠키반죽으로 예쁜 모양을 만들어 주세요.

5 오븐팬에 쿠키 반죽을 올리고 오븐에 굽습니다.

6 다 구워진 쿠키를 꺼내 맛있게 먹어요. 반죽 상태보다 훨씬 커진 쿠키를 보고 아이들은 다소 놀라지요. 크기를 비교하여 말해 보게 하세요.

저울의 눈금 읽기

저울을 사용하여 물건의 양을 재다 보면 무게의 단위도 자연스럽게 익히게 돼요. kg과 g의 용어도 엄마가 바르게 습관처럼 사용해 주세요. 다음은 3학년 2학기 '들이와 무게'에 관한 문제예요.

그림에서 눈금을 읽어 보시오.

☐ g

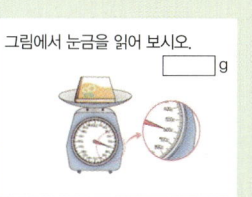

천석지기 만석지기 내 땅이 더 넓어요

측정놀이 6세 이상

넓이의 개념을 아이와 익힐 때는 정사각형을 이용해 비교하면 좋아요. 주사위 놀이는 아이들의 경쟁심을 가장 쉽게 자극하는 놀이죠. 대신 울리기도 쉽기 때문에 꼭 져 주는 기술을 발휘해 주세요.

놀이 목표
- 넓이 측정의 기본단위
- 넓이 비교

교과 연계
- 여러 가지 모양
- 평면도형의 둘레와 넓이

준비물
- 색연필
- 주사위

이 놀이는요~

넓이나 부피를 잴 때는 사각형을 이용해서 측정해요. 특히 평면도형의 넓이는 작은 정사각형의 개수로 재기 때문에 정사각형은 넓이 측정의 기본이 됩니다.

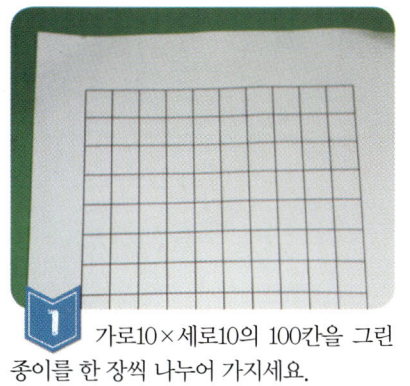

1 가로10×세로10의 100칸을 그린 종이를 한 장씩 나누어 가지세요.

2 가위바위보로 차례를 정합니다. 차례가 되면 주사위를 던져 나온 수만큼 사각형을 색칠하세요.

3 다음에 또 내 차례가 되면 주사위를 던져 나온 수만큼 또 색칠해요. 단, 조금 전에 색칠한 칸과 연결되게 하세요.

4 엄마와 아이가 번갈아 가며 10번씩 한 후 각각 색칠한 정사각형의 개수를 세어 보세요.

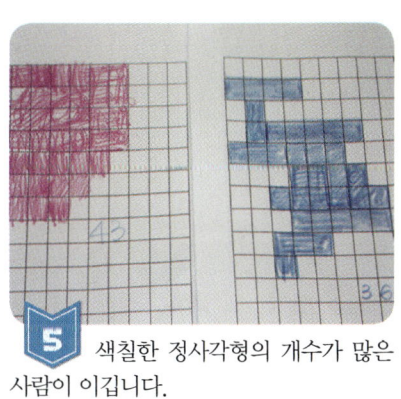

5 색칠한 정사각형의 개수가 많은 사람이 이깁니다.

이렇게도 놀아요

조커가 있는 주사위

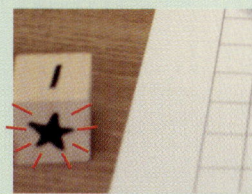

저는 게임을 할 때 시판 주사위를 사용하기보다는 만들어서 사용할 때가 많아요. 굳이 주사위를 만들어서 사용하는 이유는 바로 다양한 규칙의 조커를 활용할 수 있기 때문이죠. 주사위의 6면 중 5면은 숫자를 쓰고, 한 면은 별이나 하트 등의 조커면으로 만들어요. 이때 조커의 규칙은 게임 참가자들이 맘대로 정하면 됩니다.

조커에 의미 부여가 가능한 규칙들
- 한 판 쉬기
- 한 번 더 하기
- 앞사람/뒷사람과 순서 바꾸기
- 앞사람/뒷사람 게임판 바꾸기
- 1~5까지 숫자 중 하고 싶은 숫자하기
- 나를 제외한 다른 사람들에게 점수 1점씩 추가하기
- 다른 사람에게서 점수 1점씩 뺏어오기
- 게임 참가자들이 다 한 번씩 주사위를 던져서 가장 높은 숫자를 얻은 사람의 점수 올리기

튕기면 내 나라! # 광개토대왕 땅따먹기

측정놀이 6세 이상

엄마, 아빠 어릴 적에 마당에서 많이 했던 놀이예요. 요즘은 마당 있는 집이 별로 없죠?
하지만 전지 한 장만 있으면 추억의 놀이로 아이들을 신나게 할 수 있어요.

놀이 목표
- 평면도형의 넓이
- 넓이 비교
- 측량에 대한 이해

교과 연계
- 여러 가지 모양
- 평면도형의 둘레
- 평면도형의 넓이

준비물
- 전지
- 구슬 또는 바둑알
- 연필
- 색연필

이 놀이는요~

넓이란 평평한 면(평면)의 크기 정도를 비교하는 것이에요. 눈으로 보는 넓이와 실제 측정한 넓이는 다를 수 있으므로, 아이에게 이 놀이를 통해 '측정의 기준'이 필요한 이유를 설명해 주면 좋아요.

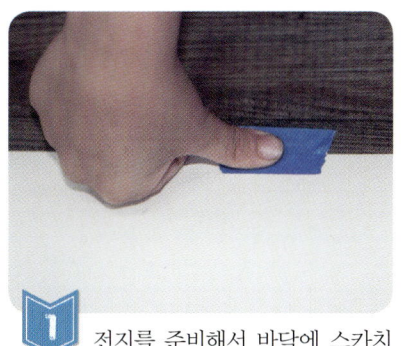
1 전지를 준비해서 바닥에 스카치테이프로 고정시켜 주세요. 게임 중간에 종이가 움직이면 아이들이 집중하기가 힘들답니다.

> **Tip** 참여 인원이 많다면 전지를 여러 장 붙여 공간을 확보해 주세요.

2 전지의 모서리 부분에 부채꼴 모양을 그려서 자기 집을 표시하세요.

3 가위바위보로 순서를 정합니다. 자기 차례가 되면 자기 집 안쪽에 바둑알을 놓고 손가락으로 튕긴 후 바둑알이 간 거리만큼 연필로 표시합니다.

4 이어서 바둑알을 두 번 더 튕깁니다. 바둑알이 세 번 만에 자기 집으로 들어오면 바둑알이 움직인 거리만큼 자기 땅이 되고 다음 사람 차례가 됩니다.

5 만약 바둑알이 종이 밖으로 튀어 나가거나 세 번 만에 들어오지 못하면, 땅을 차지하지 못하고 다음 사람 차례가 됩니다. (이번 차례에 그었던 선들은 모두 지워 주세요.)

6 다시 자신의 차례가 되면 자기 땅 어디에서나 시작하면 됩니다. 3번 만에 가장 넓은 땅을 차지할 수 있는 방법을 잘 궁리해 보세요.

7 종이 위에 더 이상 할 곳이 없으면 게임을 끝내고 자기 땅에 색연필로 색칠해 주세요. 그리고 자기 땅에 바둑알을 놓아 보세요.

8 각자 바둑알을 세어 보세요. 바둑알을 가장 많이 놓은 사람이 이기는 거예요.

순서대로 얹어요 카나페 만들기

패턴놀이 5세 이상

오늘 오후 아이들 간식을 뭘로 주셨어요? 특별한 날이 아니어도, 특별한 재료가 아니어도 예쁘고, 맛있고, 간편해서 좋은 카나페로 수학공부를 해 봐요.

놀이 목표
- 일의 순서성
- 패턴 (규칙성)

교과 연계
- 규칙 찾기
- 여러 가지 모양

준비물
- 햄
- 치즈
- 오이
- 바나나
- 크래커
- 방울토마토

이 놀이는요~

규칙을 정하여 순서대로 늘어놓은 것을 계속 되풀이하여 나타낸 것을 '패턴'이라고 합니다. 패턴을 이해하면 사물과 사물 간의 관계를 파악할 수 있고, 다음을 예측할 수 있는 능력이 생겨요.

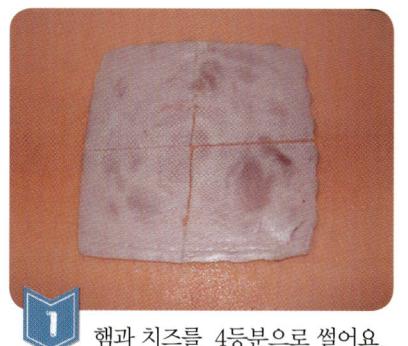

1 햄과 치즈를 4등분으로 썰어요.

2 오이, 바나나, 방울토마토는 적당한 크기로 썰어요.

3 썬 재료들을 크래커에 예쁘게 얹으세요. 예를 들어 크래커→햄→치즈→오이→바나나→방울토마토의 순서로 해 봐요.

> **Tip** 아이는 '요리사', 엄마는 '진행자'가 되어 요리방송하는 흉내를 내 봐요.

4 자기가 재료를 얹은 순서 그대로 여러 개를 만들어 봐요.

5 완성! 맛있게 먹어요.

미리 보는 초등수학

규칙 찾기

수학의 가장 큰 부분을 차지하는 것이 바로 규칙입니다. 모양의 규칙적인 반복배열, 수의 규칙적인 반복배열을 바르게 익힌다면 수학의 절반 이상은 아는 셈이지요. 실제 수학경시 대회 출제 비율이 가장 높은 영역이기도 하고요.

그림과 같은 규칙으로 흰색 바둑알과 검은색 바둑알을 놓는다면 17번째 바둑알은 어떤 색깔이 놓이게 됩니까?

○●●●○●●●

☐ 바둑알

2학년 2학기 〈규칙 찾기〉 문제

일정한 규칙에 따라 배열된 도형을 보고, 37번째에는 어떤 도형이 놓일까?

◇★★♥◎◇★★♥◎…

① ◇ ② ★ ③ ♡ ④ ♥ ⑤ ◎

3학년 2학기 〈규칙 찾기와 문제 해결〉 문제

PART 4
연산 놀이

연산이란 정해진 규칙에 따라 계산하여 답을 구하는 것을 말해요.
어떤 수에 더하거나 빼기, 곱하거나 나누기를 하여 계산하지요.
유아 시기에는 이 정해진 규칙을 잘 이해하는 것이 초를 재어가며 문제를
많이 푸는 것보다 계산력과 문제 해결력이 더 좋아진답니다.
우선 하나에 하나씩 짝지어 보고 '많다', '적다', '같다'의 의미를 파악하고
다섯까지 범위에서 덧셈(합병, 첨가), 뺄셈(제거, 차이)하기, 그리고 더하기,
빼기의 상황을 보고 +, - 기호 사용하기, 나아가 식으로 나타내는
연습을 하게 되면 연산이 만만해질 거예요.

연산 영역, 이것만은 꼭!
수로 놀아 본 아이는 머릿속에 수를 그릴 수 있습니다

'연산' 하면 많은 분들이 '학습지'를 떠올립니다. 실제로 5세부터 수학 학습지를 시작해서 초등 고학년까지 연산 학습지를 계속 푸는 아이들이 많습니다. 그러다 보니 아이들이 수학을 지긋지긋해하는 결정적인 계기가 되는 것도 바로 이 '연산' 영역입니다. 하지만 연산도 학습지에만 의존하기보다 생활 속에서 놀이로 즐기면서 충분히 익힐 수 있습니다.

머리말에서도 소개한 바 있는데 저희 집 아이들은 가위바위보를 점수를 달리 주어 게임의 재미를 더했습니다. 가령 가위로 이기면 1점, 바위로 이기면 2점, 보로 이기면 3점… 식으로 규칙을 정하는 거죠. 막내가 가위로 3번 이겨 3점을 먼저 땄는데, 큰누나가 보로 이겨 한 번에 같은 3점이 되면 아이 눈이 활활 타오르기 시작합니다. 혹시 계산이 잘못되어 누가 1점이라도 더 가져가게 될까 봐 서로 검산까지 확실하게 합니다. 이렇게 해서 10점 먼저 내기, 20점 먼저 내기를 하면 평소에 연산 학습지 한 장 풀려면 세월아 네월아 하던 녀석들도 눈 깜짝할 새에 머리셈으로 연산을 끝내 버립니다. 바로 놀이의 힘이죠.

저는 아이들이 수를 좋아하고 수학에 흥미를 가지게 하는 데 있어서 가장 중요한 것은 아이에게 '수학적 환경'을 만들어 주는 것이라고 생각합니다. 책이나 교구들을 사지 않아도, 놀이를 위해 애써 무언가를 만들지 않아도, 일부러 시간을 내어 이벤트처럼 꾸미지 않아도 수학 환경은 얼마든지 아이들에게 제공할 수 있습니다.

예를 들면 엘리베이터를 탈 때마다 층수 숫자 버튼을 눌러 보게 하는 것, 할머니 댁에 전화하기 위해 각자의 고유번호인 전화번호를 누르는 것, 자동차를 운

전할 때도 자동차의 빠르기를 가늠하기 위해 속도계를 보는 것, 앞의 자동차 번호판을 읽으며 수 더하기·빼기를 해 보는 것 등 우리의 생활 속에 숨어 있는 수학을 찾아내어 접하게 해 주면 아이는 자기도 모르게 여러 수학 영역들과 친하게 되고 흔히 말하는 '수학적 감각이 타고난 아이'로 자라나게 되지요.

마지막으로 이도 저도 귀찮다 하시는 분들을 위해 딱 한 가지만 추천해 볼게요. 어떤 수학 선생님이 알려 주신 걸 살짝 변경한 것인데요, '대나무방석 숫자판'입니다. 여름에 차량용으로 쓰는 대나무 방석 위에 숫자를 쭉 적어 놓고 거실에 던져 놓으면 끝입니다. 아이들은 방석 위에서 자기가 앉은 자리 밑에 있는 숫자를 읽기도 하고, 벽에 그림처럼 걸어 두었더니 시키지도 않았는데 오며 가며 한 줄씩 읽고 지나가더군요. 한 번은 가로로 한 줄 읽기도 하고, 어떤 날은 세로로 한 줄 읽을 때도 읽고, 또 어떤 날은 대각선으로 읽더라고요. 수를 이리저리 훑어보며 수의 규칙성에 대해 나름대로 익혀가고 있는 것이지요. 또 주사위만 있으면 게임용 말판으로 바로 변신! 어떠세요? 수학놀이 참 쉽죠잉~

5개만 먹을래요 ## 과일 배달하기

덧셈놀이 4세 이상

아이가 좀 크면 "내가! 내가!"를 외치며 뭐든 자기가 하겠다고 나설 때가 있어요. 엄마표 수학은 언제나 기회를 잘 엿보셔야 한다고 했죠? 이 기회를 살려서 심부름 속에 수학을 심어 보아요.

놀이 목표
- 여러 가지 방법으로 더하기

교과 연계
- 5까지의 수
- 더하기와 빼기

준비물
- 접시
- 방울토마토
- 바나나

이 놀이는요~

더하기와 빼기의 기초가 되는 5의 보수, 10의 보수 개념을 확실히 알 수 있는 방법은 5개 혹은 10개를 직접 만들어 보는 과정을 많이 거치는 것이에요. 집에서 생활용품들을 이용해 많이 경험하게 해 주세요.

1 오늘의 간식은 과일입니다. 오빠들에게 어떻게 줄 것인지 생각해 보아요.
미션: 한 사람에게 줄 수 있는 과일은 5개입니다.

2 접시에 과일을 담아요.

3 5의 보수 개념이 확실한 아이들은 수를 확장해서, 다음 날은 6개, 그 다음 날은 7개로 수를 하나씩 늘려서 10개까지 해 보세요. 훗날 여러 가지 방법으로 덧셈하기가 아주 쉽다고 생각하는 학생이 될 거예요.

4 자, 이제 오빠들에게 배달을 갈까요?

5 오빠들과 함께 역할놀이를 해 봐도 좋아요.

"지유: 똑똑, 배달 왔습니다."
"오빠1: 고맙습니다."
"오빠2: 어? 난 토마토 4개, 바나나 1개 먹고 싶은데, 이건 토마토가 2개, 바나나는 3개네요. 바꿔 주세요."
"지유: 알겠습니다."

이렇게도 놀아요

주소 익히기 게임
아이가 아직 집 주소를 익히지 못했다면 배달 놀이를 통해 정확한 주소 암기에 도전해 보세요. 이때 위층, 아래층 개념도 넣어 학습해도 좋아요.

지유 똑똑. 배달 왔습니다.
엄마 전 배달 안 시켰어요. 우리집은 103동 504호인데요. 어디 배달 가시는 거예요? 혹시 404호 아닌가요?
지유 네, 404호 가야 해요.
엄마 아~ 잘못 오셨네요. 그럼 한 층 내려가세요. 우리 집은 5층인데, 404호는 4층이거든요.

지유 고맙습니다.
엄마 (다른 아줌마처럼 목소리를 내면서) 사장님, 우리 행복아파트 103동 404호인데요. 왜 이렇게 늦으셨나요? 혹시 윗층 504호로 가신 거 아니에요? 호호호~

몇 마리나 낚았나요? 5의 보수 낚시놀이

덧셈·뺄셈놀이 3세 이상

우리 모두 어부가 되어 물고기를 잡아 볼까요? 힘차게 낚싯대를 던져 물고기를 낚아 올릴 때 집중력과 신중함이 아이 얼굴에 가득 나타나네요.

놀이 목표
- 5의 가르기와 모으기
- 한 자리 수의 덧셈과 뺄셈

교과 연계
- 덧셈과 뺄셈

준비물
- 자석
- 나무막대
- 줄
- 종이 물고기 5마리
- 클립
- 타이머

이 놀이는요~

손가락으로 수를 세어 보는 것은 수의 양적 개념을 정확히 알아가는 데 대단히 중요합니다. 양적 개념은 구체적인 사물을 직접 봐서 확인하는 것이 좋기 때문입니다. 몸으로 수학을 체험하는 것은 그 어떤 학습 방법보다도 좋습니다.

1 나무막대에 자석을 연결해서 낚싯대를 준비해요.

Tip) 집에 배달되는 전단지나 홍보물에 붙은 자석을 이용하셔도 좋아요.

2 도화지에 물고기를 예쁘게 그려서 오리세요. 그리고 클립을 꽂아요.

3 자, 이제 물고기를 낚아 볼까요?

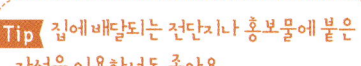

4 타이머로 60초(1분)의 시간을 재요. 제한 시간이 있으면 긴장감이 생겨 아이들이 훨씬 흥미진진해 한답니다.

Tip) 처음에는 넉넉히 시간을 주다가 점차로 시간을 줄이는 것도 좋아요. 60초, 50초, 30초, 90초 등 시간의 개념도 익힐 수 있어요.

5 5마리 중 낚은 물고기가 몇 마리인지 세어 보아요. 또, 남은 물고기는 몇 마리인지 세어 보아요.

Tip) 5마리로 5의 보수 개념을 충분히 익혔다면, 물고기의 수를 점차 늘려 주세요. 6마리로 6의 보수, 7마리로 7의 보수 개념을 익히다 보면 한 자리 수의 덧셈과 뺄셈은 저절로 익히게 돼죠.

덧셈을 낚자! 덧셈박사 바다낚시

덧셈놀이 5세 이상

낚시 놀이는 아이들이 가장 좋아하는 아이템이자 응용이 쉽기 때문에 한 번만 하고 넘어갈 순 없어요.
규칙을 조금만 바꿔 주면 낚시놀이를 통해 배울 수 있는 수학의 개념은 무궁무진하답니다.

놀이 목표
- 두 자리수의 덧셈

교과 연계
- 덧셈과 뺄셈

준비물
- 자석
- 나무막대
- 줄
- 종이 물고기 10마리
- 클립
- 상자
- 색도화지(파랑)
- 점수판
- 바둑알

이 놀이는요~

두 자리 수의 연산에 해당하는 놀이입니다. 연산을 지루한 학습지로 배우는 아이와 즐거운 낚시 게임을 통해 배우는 아이, 어느 쪽이 수학 좋아하는 아이로 자랄지 예측 가능하시죠?

1 물고기에 1~10까지 숫자 스티커를 붙입니다. 100까지 적힌 점수판도 준비합니다.

2 이번엔 바다를 만들 차례예요. 상자에 파란 색도화지를 붙여서 바다를 표현해 주세요.

3 자, 이제 바다낚시를 즐겨 볼까요? 자기 차례가 되면 한 마리씩 낚시를 하세요. 바닷속을 안 보고 낚아야 더 재미있게 할 수 있어요.

4 한 사람이 5번씩 낚시를 합니다

5 5번씩 낚시를 한 후 잡은 5마리 물고기의 점수만큼 점수판에서 바둑알을 이동합니다. 이때 더하기 연습이 팍팍 되고 있는 것 눈치 채셨죠?

6 바다에 물고기가 많이 없으니, 다음 사람이 시작하기 전에 잡았던 물고기는 일단 모두 풀어 주세요. 다음 사람도 5마리를 낚습니다. 모두 돌아가며 낚시를 한 후 점수가 많은 사람이 이겨요.

민이럽의 강력추천!

셈셈피자가게

덧셈개념이 확실치 않은 아이들도 피자주문서에 따라 토핑을 만들다 보면 저절로 연습되어 덧셈에 대한 자신감을 주는 게임이에요. 수준별로 게임을 할 수 있게 되어 있고 단순 연산만 즐기는 것이 아니라 카드를 어떻게 활용하느냐에 따라 연산을 즐기면서 상대방을 이기는 전략도 배울 수 있는 게임이에요. 즐기면서 하는 수학공부는 수학에 대한 행복한 기억을 남겨 줄 거예요.

온몸으로 배우는 수학 고리 던지기

> 덧셈놀이
> 4세 이상

온몸이 근질근질해서 아이들의 활동량을 늘려 줘야 하는 날은 몸으로 하는 놀이를 꼭 해야 해요.
엄마는 그냥 바닥에 앉아서 조금 편하게, 아이는 온몸을 던져서 하는 신나는 수학놀이를 소개할게요.

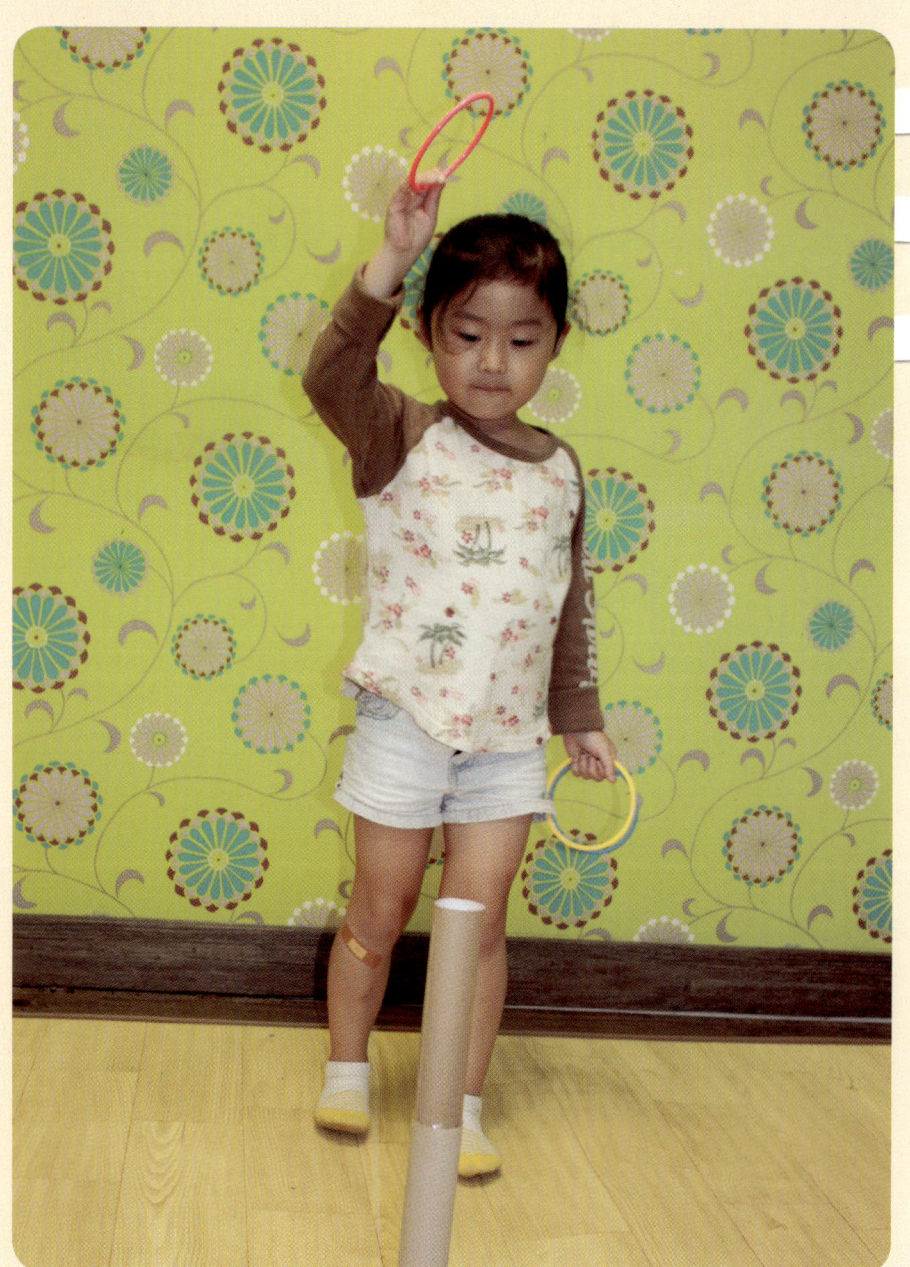

놀이 목표
- 한 자리수의 덧셈

교과 연계
- 덧셈과 뺄셈

준비물
- 휴지 걸이
- 키친 타올 심 2개
- 스카치테이프
- 고리 5개

이 놀이는요~

5개의 고리로 던지기를 해서 고리에 걸리는 것과 걸리지 않은 것을 구분해 봅니다.

걸린 것은 몇 개인지, 걸리지 않은 것은 몇 개인지 생각해 봄으로써 어떤 수에서 다른 어떤 수를 덜어낸다는 뺄셈의 기본원리도 익히게 됩니다.

[놀이1] 고리 던지기 (4세 이상)

1 키친 타올 심 2개를 테이프로 연결하세요.

2 휴지 걸이에 붙여서 고리 걸이를 만들어요.

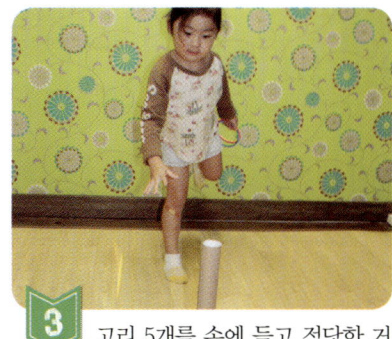

3 고리 5개를 손에 들고 적당한 거리에서 연속해서 던져요.

4 고리 걸이에 고리가 몇 개 걸렸는지 확인해 보아요. 이렇게 엄마랑 아이가 5회까지 한 후 누가 고리를 많이 걸었나 개수를 합해 보세요.

Tip 집에 고리가 없다면 쿠킹호일을 돌돌 말아 만드셔도 돼요

[놀이2] 점수가 달라지는 고리 던지기 (7세 이상)

1 고리의 색깔마다 점수를 다르게 정해 보아요. 예를 들면, 분홍색은 1점, 노랑색은 2점, 파랑색은 3점, 하늘색은 4점, 초록색은 5점이에요.

2 걸린 고리를 점수대로 더하기를 해서 합계가 많은 사람이 이기는 거예요.

이렇게도 놀아요

신발 멀리 던지기
사람이 많이 없는 바닷가, 한적한 공원에서 특별히 할 놀이가 없다면, 아이와 거리낌 없이 신발 벗어 던지기를 해 볼까요? 출발선을 그어 놓고 한쪽 신발을 벗어 누가 누가 멀리 벗어 던지는지 겨루어 보며 길이재기 놀이를 해 보세요. 기준선을 그어 놓고 신발이 날아간 거리가 몇 발자국, 몇 걸음인지 재어 보면 돼요. 아이 신발치수를 이용해서 210mm 신발은 20cm로 어림하면 대충의 길이도 계산해 볼 수 있어요. 의외로 멀리 나아가지 않아 웃음짓게 되는 경우도 많아요. 아이와의 놀이에는 큰 준비물이 필요치 않아요.

나의 점수는 몇 점? 다트 놀이

덧셈놀이 4세 이상

활력이 넘치는 놀이를 해 보고 싶으시다면 다트 게임을 추천해 드려요. 마치 야구선수가 된 것처럼 아니면 양궁선수가 된 것처럼요. 함께 점수를 계산하다 보면 기분도 up! 수학실력도 up up!!!

놀이 목표
- 수의 더하기 개념

교과 연계
- 덧셈과 뺄셈

준비물
- 부직포
- 양면테이프
- 공
- 찍찍이

이 놀이는요~

어떤 수에 0을 더하면 더한 결과가 처음 주어진 수와 같죠? 어른들이 보기에는 당연한 듯하지만 아이들은 설명이 필요하답니다. "3 더하기 0은 3과 같습니다."와 같이 식으로도 말해 보게 해 주세요.

1 **다트판 만들기** 세 가지 색깔의 부직포로 각각 크기가 다른 원을 만들어 중심에 맞게 양면테이프로 붙여요. 점수는 가장 작은 원부터 5, 3, 1점이에요.

2 **다트공 만들기** 속이 빈 가벼운 공을 선택해서 공의 사방에 찍찍이를 붙여 주세요.

3 벽에 다트판을 붙여 주세요. 자, 다트 게임을 즐겨 볼까요? 적당한 거리에서 공을 던져요.

"이다을 선수, 자~ 준비하고 쏘세요!"

Tip 발 보폭 하나 정도로 거리를 정해야 아이가 잘 던질 수 있어요.

 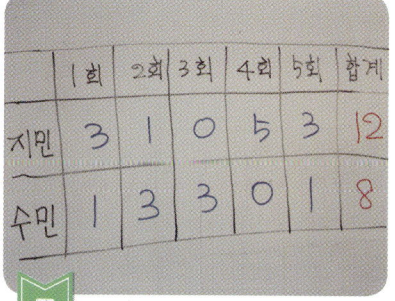

4 공이 다트판에 붙으면 달려가 점수를 확인하세요. 만약 공이 붙지 않았다면 한 번의 기회를 더 주세요.

5 각자 5번의 기회를 가지고 공을 던진 후 점수를 더하기 하세요. 아직 더하기에 익숙하지 않은 친구들은 엄마가 도와주셔도 좋고, 손가락을 이용해 혼자 계산해 볼 수 있게 기다려 주시면 더 좋아요.

Tip 점수를 종이에 적어도 좋지만, 화이트보드나 칠판이 있으면 아이들은 더 흥미롭게 게임을 합니다.

이렇게도 놀아요

구슬 맞춰 따먹기

엄마들 어릴 때 하던 추억의 놀이 중 하나예요. 구슬을 세모 안에 넣고 다른 구슬 하나를 던져서 세모 모양 바깥으로 튀어 나온 구슬들을 따먹는 게임이죠. 세모 안에 10개의 구슬을 넣고 시작한다면 10의 보수 개념도 익히고 뺄셈의 개념도 저절로 익혀져요. 구슬이 없다면 작은 돌맹이들을 모아서 게임을 해도 좋아요.

연산이 반짝반짝 보석 모으기

덧셈놀이 6세 이상

주사위는 수학놀이에서 빼놓을 수 없는 중요한 교구예요. 주사위 두 개를 던져 나온 수를 합하다 보면 한 자리수 덧셈을 어느덧 다 할 줄 알게 되더라고요. 여기에 좋아하는 보석이나 장난감까지 더해지면 집중력도 최강이 돼죠.

놀이 목표
- 큰 수
- 10묶음수

교과 연계
- 100까지의 수

준비물
- 보석(또는 구슬) 100개
- 주사위 2개
- 100칸 종이

이 놀이는요~

일정한 간격이나 차례로 나열해 놓은 것을 '배열'이라고 해요. 그래서 수를 일정한 규칙으로 배열해 놓은 것을 '수열'이라고 하지요. 보석을 10개씩 규칙적으로 놓아 봄으로써 10개씩 커지는 규칙을 알 수 있고, 1, 2, 3, 4, 5, 6, 7, 8, 9를 기본으로 하고 9에서 1이 커지면 10이 되는 십진법의 원리도 알 수 있어요.

1 보석이나 구슬을 100칸 종이에 하나씩 놓아 주세요.

2 가위바위보를 해서 순서를 정하세요. 순서대로 주사위 2개를 던져서 나온 두 수를 더한 개수만큼 마음에 드는 보석을 가지고 갑니다.

3 주사위의 수가 4와 2가 나왔으니 두 수를 더한 6개의 보석을 가져갈 수 있겠죠?

4 더 이상 가져갈 보석이 없으면 게임은 끝나요. 자신이 모은 보석을 세어 보세요. 이때 10개씩 묶어 세도록 지도해 주세요.

5 정확히 세기 위해서 내 보석을 100칸 종이에 다시 하나씩 놓아 보세요.

6 10개씩 4줄이 있고 낱개가 4개이므로 44개입니다.

"10이 4개면 얼마지?"
"10, 20, 30, 40… 40이요."
"40에 4를 더하면?"
"44가 돼요."

이렇게도 놀아요

머리방울 묶기

여자 아이들은 인형 머리 묶는 것 좋아하죠? 머리방울으로 인형 말고 나무젓가락을 묶어 보게 하셔도 재미있어요. 나무젓가락을 40개 정도 바닥에 흩트려 놓고 누가 10개씩 빨리 묶나 내기해 보세요. 10묶음수를 금방 익히게 된답니다. 손가락의 힘도 늘리고 10의 배수도 익히는 일석이조 놀이랍니다.

진지한 눈빛광선 알 까기 덧셈뺄셈

뺄셈놀이 6세 이상

하루 종일 잠만 자고 싶은 휴일에도 우리 아이들은 엄마, 아빠의 피곤함을 전혀 알아주지 않죠. 그러나 어쩌겠어요. 아이가 놀고 싶어 못 참겠다는데. 신나는 알까기 한 판으로 피로를 물리쳐 봐요~

놀이 목표
- 한 자리수의 뺄셈

교과 연계
- 더하기와 빼기
- 덧셈과 뺄셈

준비물
- 흰색 바둑알
- 검은색 바둑알
- 바둑판 (바둑판이 없다면 그냥 책상 한가운데를 테이프 등으로 나눠서 사용해도 돼요.)

이 놀이는요~

수가 하나씩 줄어드는 것도 수의 규칙입니다. 10에서 1씩 혹은 2씩, 때로는 0을 빼서 결과가 0이 되는 과정은 뺄셈에서도 중요하지만, 수의 규칙, 수열 과정을 이해하는 데도 도움이 돼요.

1 엄마랑 아이가 가위바위보로 순서와 바둑알 색깔을 결정해요. 그리고 각자의 바둑알 10개를 일정한 간격으로 놓아요.

> **Tip** 바둑알을 놓을 때는 바둑판의 끝 두세 줄 안에서 자유롭게 놓으면 됩니다. 한 줄로 늘어 놓아도 되고, 지그재그 모양으로 놓아도 돼요.

2 자신의 차례가 되면 바둑알을 튕겨서 상대방의 바둑알을 바둑판 바깥으로 나가게 해요. 바깥으로 나간 상대방의 바둑알은 내가 가지면 돼요.

3 만약, 내 바둑알이 바깥으로 나갔다면 내 바둑알은 상대방이 가지게 돼요. 게임의 중간중간 10개의 바둑알 중 몇 개가 없어지고 몇 개가 남았는지 말해 주고, 아이에게도 말하게 해 봅니다.

"앗, 지원이가 엄마 바둑알을 또 땄네. 엄마는 10개 중에 4개밖에 안 남았어."

4 상대방의 바둑알을 먼저 다 가지게 되면 이기는 거예요.

> **Tip** 형제나 친구끼리 알까기를 할 때는 공평하게 10개씩 바둑알을 나누어 가져요. 하지만 아빠랑 알까기를 한다면 10개씩 나누는 게 공평한 건 아닐 거예요. 아빠는 10개, 아이는 15개나 20개 정도로 해서 게임을 하는 게 좋고, 이때 아이에게는 두 자리수의 뺄셈을 알아가는 과정도 될 거예요.

미리 보는 초등수학

뺄셈을 한다는 것은 무언가에서 어떤 것을 빼서 없어지게 하는 것도 있지만, 무엇과 무엇의 차이를 나타내는 방법 도 있어요. 최근 초등 수학에서 자주 출제되는 문제 유형 을 살펴보면 단순히 수를 빼는 계산 문제보다 차이를 나타 내는 문제들이 많아졌어요. 따라서 처음 수학을 접하는 유 아 시기에 수의 크기와 수량의 차이를 자주 접하게 해 주 는 것이 좋습니다.

바둑알 10개가 있습니다. 그 중 2개를 통에 넣 었습니다. 남은 바둑알 중에서 형이 동생보다 2 개를 더 가지려고 합니다. 형이 몇 개를 가져야 합니까?
① 2 ② 3 ③ 4 ④ 5 ⑤ 6

옆으로 갈까, 위로 갈까? 가로세로 이동게임

> 가로세로놀이
> 7세 이상

7세가 되어도 '가로', '세로'를 구분하지 못하는 아이들이 의외로 많아요. 엄마에겐 아주 간단한 위치 용어이지만 우리 아이들은 마구마구 헷갈리나 봐요. 반복 학습이 필요할 땐 게임을 도입해 주세요~

놀이 목표
- 가로와 세로
- 한 자리수의 세 수 이상의 덧셈

교과 연계
- 덧셈과 뺄셈

준비물
- 49칸이 그려진 종이 (가로, 세로 7칸씩)
- 숫자카드(0~10) 48장
- 하트카드 1장

이 놀이는요~

'행'은 가로줄을 의미하고, '열'은 세로줄을 의미합니다. 고등학교에서 배우는 행렬이 여기에서부터 시작되지요. '옆에 옆에 옆에 옆으로~~' 라는 동요도 위치를 알게 해 주는 노래예요. 율동과 함께 한번씩 불러 보면 좋겠죠?

1 49칸 종이판에 숫자카드 48장을 마음대로 놓아요. 칸 수는 나이에 따라, 실력에 따라 조절할 수 있어요.

> **Tip** 나이가 어리다면 처음 할 때는 5×5 매트릭스에 24개의 숫자카드와 1개의 하트카드를 놓고 합니다. 점점 익숙해지면 가로, 세로 칸수를 늘려가세요. 나중에는 100칸 종이판에 해도 힘들어지지 않고 재미있어해요.

2 하트카드 1장도 아무 칸에나 마음에 드는 자리에 놓아요. 그러고 나서 누가 가로줄을 할지, 세로줄을 할지 정해요.

3 하트카드가 놓여 있는 자기 줄 (가로줄 혹은 세로줄) 중에서 원하는 숫자 카드를 가지고 오세요. (보통은 가장 큰 숫자를 가지고 오지요.)

4 가지고 온 숫자카드가 놓여 있던 자리에 하트카드를 옮겨 놓아요.

5 다음 차례의 사람도 하트카드가 놓여 있는 자기 줄에서 원하는 숫자카드를 가지고 오고 또 그 자리에 하트카드를 놓아요.

6 더 이상 하트카드를 옮겨 놓을 수 없게 되면 게임은 끝나요.

7 가지고 온 숫자카드의 수를 모두 더하여 합계가 큰 사람이 이겨요.

8 아이가 수를 더할 때 7번처럼 순서대로 덧셈을 할 수도 있지만, 위의 사진처럼 '10 만들기'를 해서 덧셈을 하도록 유도하면 좋아요. 계산하기가 훨씬 쉽다는 걸 아이들도 느낄 거예요.

백두에서 한라까지 대한민국 수학투어

덧셈놀이 5세 이상

아름다운 이 땅, 금수강산을 아이랑 같이 다 여행해 본다면 얼마나 좋을까요? 대신 우리나라 지도를 가지고 놀이를 하며 지리 공부를 해 보아요. 수학 놀이는 덤으로 얻어가시고요.

놀이 목표
- 수의 크기
- 덧셈
- 우리나라의 모습과 생활

교과 연계
- 덧셈과 뺄셈
- 우리 국토의 모습과 생활 (사회)

준비물
- 우리나라 지도
- 매직
- 인형(말) 2개
- 주사위

이 놀이는요~

이제 수학이라고 계산식만 푸는 시대는 지났어요. 요새 아이들은 여러 교과를 연계해 학습하는 통합교과 잖아요. 우리나라 지도에는 참 볼거리가 많아요. 사회 상식도 쌓고, 수학 공부도 하고… 이 정도면 초등 준비 문제없겠죠?

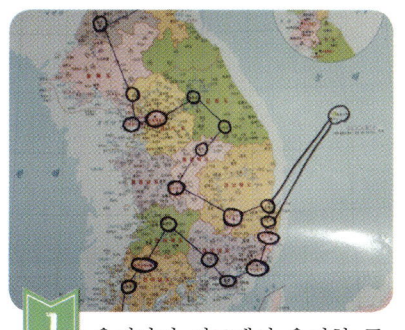

1 우리나라 지도에서 유명한 곳, 아이랑 함께 가 본 곳, 가 보고 싶은 곳, 친척이 살고 있는 곳, 함께 얘기 나눌 거리가 있는 곳 등등을 찾아보세요. 추억을 얘기 나누며 매직으로 동그라미 표시를 해요.

2 출발지점과 도착지점을 정해요. 보통은 백두산에서 출발해서 한라산을 도착지점으로 정해요.

3 주사위를 던져서 나온 수만큼 장소를 이동하세요. 이동할 때는 그냥 숫자만 말하지 말고 지나가는 장소의 이름을 말하게 해 보세요. 게임을 통해 몇 차례 하다 보면 우리나라 명소들은 거의 다 알게 되겠죠?

"3이 나왔네요. 백두산에서 3칸이면 함흥-평양-금강산, 금강산에 도착하였네요."

4 아이가 조금 크다면 경유한 지명 또는 도착지와 관련된 퀴즈를 내서 '맞히면 앞으로 한 칸 가기', '못 맞히면 뒤로 한 칸 가기'와 같은 규칙을 도입해도 재미있어요.

"금강산과 관련된 속담 중에 금강산도 ○○○이라는 속담이 있죠."
"식후경이요!"
"네, 맞았습니다! 앞으로 한 칸 이동하세요."

5 제주도 한라산에 먼저 도착한 사람이 이겨요. 백두에서 한라까지 몇 칸인지 세어 보고, 실제 거리도 알려 주세요.

> **Tip** 백두산과 한라산 사이의 거리는 천지와 백록담의 중심부를 기준으로 약 870km 랍니다.

민이랍의 수학톡톡

아이가 어리다면 아이와의 추억을 가지고, 아이가 조금 크다면 고장의 명물이나 생활상식으로 퀴즈를 만드시면 됩니다. 하지만 아이 수준에 맞추더라도 슬쩍슬쩍 지리와 관련된 내용도 적당히 심어 주면 좋아요.

Q: "나주~ 혜경이 고모가 사는 나주에 도착하였군요. 고모네 집에 가면 많이 먹는 과일은 뭘까요? 힌트 나갑니다. 우리 예린이가 아주 좋아하는 과일로, 겉은 연한 갈색입니다."
Q: "울산~ 울산광역시에 도착하였습니다! 우리나라의 6대 광역시를 말해 보세요."

오늘 20개국만 돌아볼까? 세계일주게임

덧셈놀이 5세 이상

세계는 하나! 글로벌 시대에 사는 우리 아이들은 어떤 꿈을 꾸고 있나요? 대통령, 외교관, UN사무총장이 될 아이들과 함께 세계 여러 나라의 국기를 알아보면서 꿈도 키워 나가요.

놀이 목표
- 한 자리수의 덧셈
- 세계 여러 나라 알기

교과 연계
- 덧셈과 뺄셈

준비물
- 세계 국기카드
- 주사위
- 인형(말) 2개

이 놀이는요~

엄마 눈에는 너무나 쉬워 보이겠지만, 사실 어린 아이들에겐 놀이판에서 주사위에 나온 숫자만큼 딱 맞게 가는 것도 큰 도전입니다. 아이가 둘 있는 집이라면 동생이 주사위에 나온 수만큼 말을 움직이고, 형이나 언니가 나라 이름을 맞히는 걸로 규칙을 정해도 돼요.

1 우리가 잘 아는, 유명한 나라들의 국기카드를 바닥에 펼쳐 놓아요.

2 출발지점을 정해요.

3 주사위를 던져서 나온 숫자만큼 말을 이동하세요.

4 이동한 곳의 나라 이름을 말하고 맞히면 카드를 가지고 가요.

5 만약 나라 이름이 틀렸거나 모른다면, 카드를 뒤집어 나라 이름을 확인하세요. 그러나 카드를 가지고 가지는 못합니다.

6 국기카드가 모두 없어지면 게임은 끝나고 카드가 많은 사람이 이겨요.

> **Tip** 꼭 국기카드가 아니어도 돼요. 한창 한글 익히기에 열공 중이라면 한글카드, 영어나 한자에 관심 있는 아이라면 영어단어나 한자카드, 공룡에 빠져 있는 아이라면 공룡카드, 자연관찰에 관심을 두고 있는 아이라면 동물, 식물카드 등등 뭐든 아이가 관심 있어 하는 부분을 놓치지 말고 재미있게 게임으로 해 보세요.

이렇게도 놀아요

'국기카드' 한 세트에는 전 세계 나라들의 국기가 다 있으므로 한번에 다 이용하기에는 너무 많아요. 학습적으로도 너무 벅차고요. 다음과 같이 나누어서 효과적으로 해 보아요.

1 대륙별로 나누어요. 하루는 아시아의 나라들만, 하루는 유럽의 나라들만, 또 다른 날은 아프리카에 있는 나라들로만 게임을 해요. 어느 나라가 어느 대륙에 있는 나라인지 일부러 외우지 않아도 돼요.

2 이번 올림픽에 참가한 나라들 또는 종합순위 20위까지의 나라들

3 UN회원국들

주사위를 굴려라! 주사위왕 선발대회

덧셈놀이 6세 이상

수학놀이가 복잡하면 매일 할 수 없겠죠? 이 주사위 조합 놀이는 정말 간단해요. 질리지 않고 매일매일 쉽게 할 수 있어서 저희 집에서 상당히 즐겨 하던 놀이랍니다.

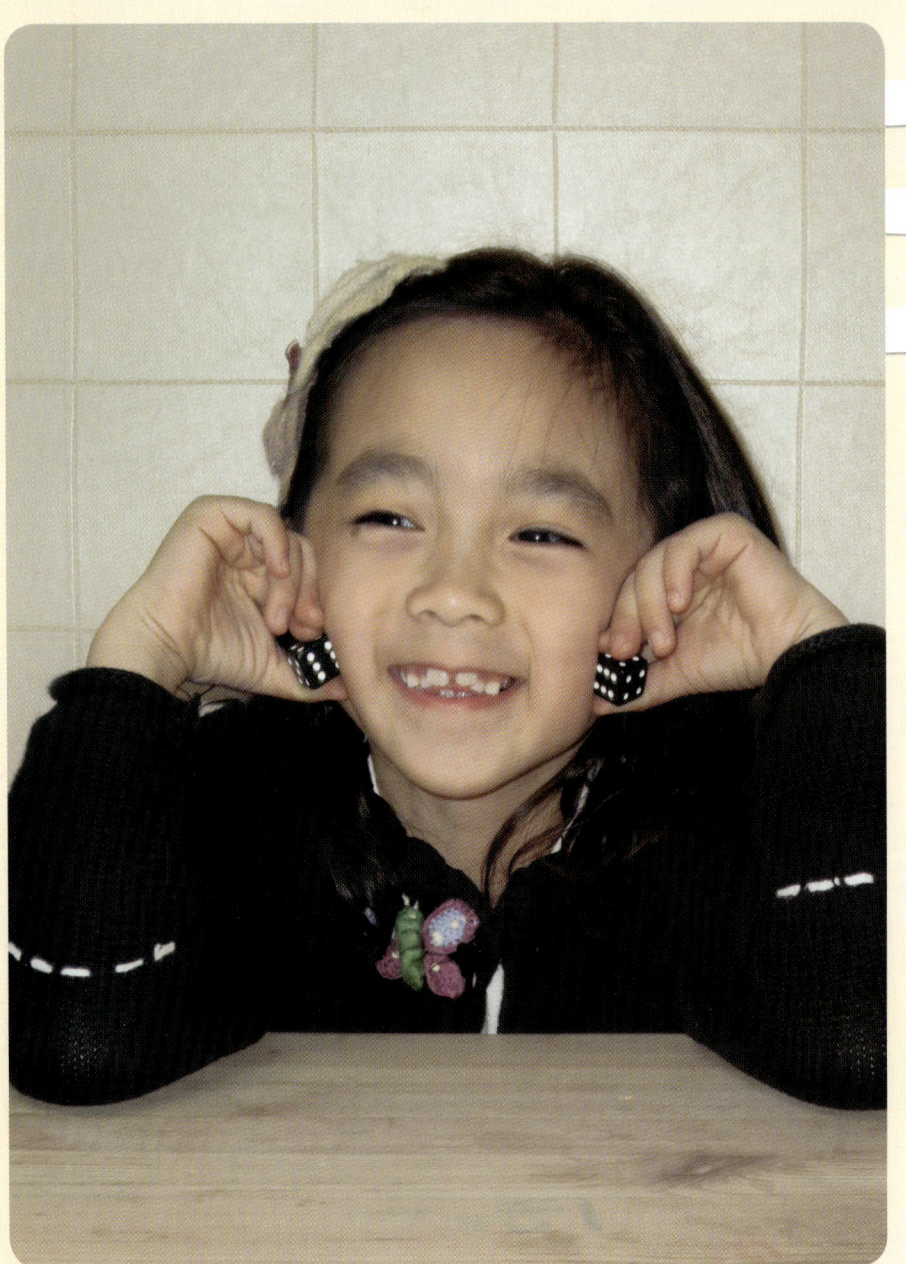

놀이 목표
- 한 자리 수의 덧셈

교과 연계
- 더하기와 빼기

준비물
- 주사위 2개
- 숫자카드(0~9) 2장씩

이 놀이는요~

연산은 반복이 매우 중요합니다. 2+3=5, 2+4=6과 같은 한 자리 수 연산을 한번 이해했다고 그 다음날 두 자리수 연산으로 넘어가진 않죠? 재미있지만 복잡해서 자주 하지 못하는 일회성 놀이보다는 쉽고 다양한 방법의 연산 놀이들을 자주 하다 보면 어느새 계산력도 빨라져요.

1 각자 주사위 2개, 0~9까지의 숫자카드 한 벌씩을 나누어 가집니다. 먼저 엄마가 아이에게 1장을 보여 주세요.

2 자신의 주사위 2개를 가지고 숫자카드와 같은 수가 되게 만들어 보세요.

3 먼저 만든 사람은 "정답"을 외치고 큰 소리로 식을 말해 보아요. 맞으면 숫자카드를 가지고 가세요.

"정답! 6 더하기 3은 9입니다."
"김유진 선수, 정답입니다."

> **Tip** 이때 엄마가 퀴즈 프로그램 진행자처럼 "정답입니다!"를 외쳐 주면 아이들이 아주 좋아해요.

4 만약 틀렸다면 다른 사람에게 맞힐 기회를 주어요.

"정답! 6 더하기 3은 8입니다."
"아, 아깝습니다. 다시 한 번 계산해 보세요."

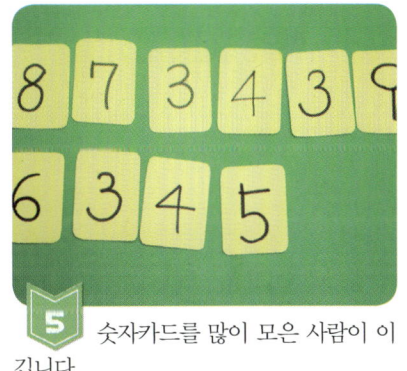

5 숫자카드를 많이 모은 사람이 이깁니다.

단순한 덧셈, 뺄셈이 적힌 연산 문제집만 반복해서 풀게 하는 것은 아이가 수학을 싫어하게 만드는 지름길입니다. 실제 학교시험이나 경시대회에도 단순 연산보다는 수의 덧셈과 뺄셈의 다양한 방법을 찾는 문제들이 자주 출제되고 있어요.

창수가 가진 숫자 카드입니다. 카드 두 장을 골라 합을 가장 작게 하려면 어떤 카드 2장을 뽑아야 합니까?

| 4 | 3 | 1 | 5 | 2 |

① 4,3 ② 1,5 ③ 3,1
④ 3,5 ⑤ 1,2

무엇이 무엇이 똑같을까? ## 숫자카드 연산게임 덧셈놀이 7세 이상

어떤 수를 두 개의 수로 가르거나 두 개의 수를 더해 어떤 수를 만드는 것은 초등학교 저학년 연산에서 매우 중요한 훈련입니다.

놀이 목표
- 한 자리수의 덧셈과 뺄셈

교과 연계
- 더하기와 빼기

준비물
- 주사위 2개
- 숫자카드 (0~9) 3장씩

이 놀이는요~

임의의 수를 서로 다른 조합으로 만들어 보는 훈련입니다. 만약 아이가 5세 이하라면 주사위를 던져 나온 두 수와 똑같은 숫자를 찾는 놀이로 바꿔서 진행해 주세요.

1 숫자카드를 잘 섞어서 각자 3장씩 나누어 가지고, 나머지 카드는 뒤집어 쌓아둡니다.

2 2개의 주사위를 던져서 나온 두 수의 합이 되는 숫자카드를 찾아요. 카드는 1장이어도 좋고 2~3장이어도 좋아요.

3 먼저 찾은 사람은 큰 소리로 "정답"을 외쳐요. 그리고 식을 말해요.
"주사위의 합은 2+5=7이니까, 3+4=7이랑 똑같아요."

4 맞힌 카드는 자기 앞에 내려 놓고, 쌓아둔 카드에서 새로 카드를 가지고 오세요. (손에는 항상 3장의 카드를 들고 있어야 해요.)

5 만약 틀렸다면 다른 사람이 기회를 가져요.

6 카드를 많이 모은 사람이 이겨요.

민이쌤의 강력추천!

로보77

각자 카드를 손에 쥐고 있다가 한 장씩 내면서 덧셈을 하는 게임이에요. 77을 넘어가면 칩을 하나 받게 되는데 칩이 3개가 모이면 아웃되는 게임이죠. 덧셈을 연습하기에 아주 좋아요.

밤에 5분 놀 때 최고! 5개의 주사위를 던져라

덧셈놀이 6세 이상

엄마와의 놀이가 점점 익숙해지면 아이들이 게임의 규칙을 바꾸거나 새로운 게임을 만들어 내기도 해요. 거창하거나 어려운 게임이 아니어도 우리 집만의 게임을 만들어서 해 보아요.

놀이 목표
- 한 자리수의 덧셈
- 주사위를 던졌을 때 나오는 경우의 수

교과 연계
- 덧셈과 뺄셈
- 경우의 수와 확률

준비물
- 주사위 5개

이 놀이는요~

정해진 규칙대로만 게임을 하면 금방 싫증이 나요. 하지만 아이들 스스로 게임의 규칙을 정하고, 변형하고, 발전시키며 놀면 같은 놀이를 무한 반복해도 아이들은 절대 질려하지 않는답니다. 반복해도 질려하지 않는 것, 그것이 바로 유아 수학놀이의 핵심이랍니다.

1 주사위 5개를 통에 넣고 흔들어 줍니다.

2 "자 쏩니다" 하는 멘트와 함께 바닥에 주사위를 뿌립니다.

3 5개의 주사위를 잘 살펴보고, 아래에 적힌 규칙을 적용하여 점수를 계산합니다. 몇 점인지 잘 계산할 수 있나요?

> **Tip** 엄마의 차례일 땐 약장수 흉내를 내는 등 분위기를 띄워 주면 아이들이 자기들도 더 웃기게 하려고 하면서 분위기가 한층 코믹해져요.

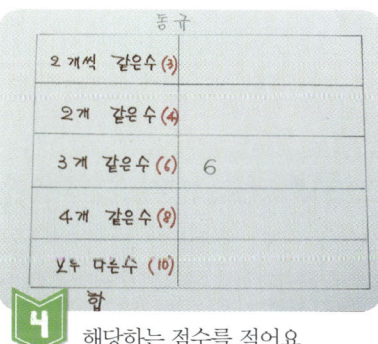

4 해당하는 점수를 적어요.

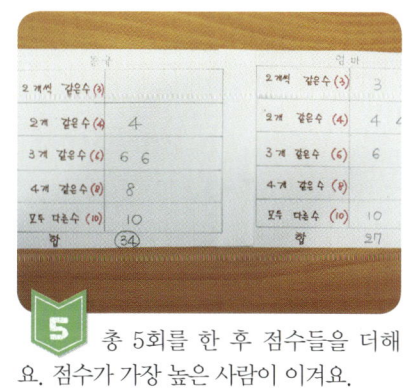

5 총 5회를 한 후 점수들을 더해요. 점수가 가장 높은 사람이 이겨요.

게임을 시작하기 전

게임 규칙에 대해 충분히 이해할 수 있도록 해 주세요. 종이에 적어서 옆에 두고 게임을 하는 게 아이들이 혼란스럽지 않아요. (아래의 규칙은 저희 집에서 아이들이랑 마음대로 정한 거예요. 참고만 하시고, 아이랑 상의해서 바꿔서 하셔도 좋아요.)

게임규칙

- 주사위 **2개씩 같은 수**일 때(나머지 하나는 다른 수) ▶ 3점
- 주사위 **2개가 같은 수**일 때(나머지 3개는 각각 다른 수) ▶ 4점
- 주사위 **3개가 같은 수**일 때(나머지 2개는 각각 다른 수) ▶ 6점
- 주사위 **4개가 같은 수**일 때 ▶ 8점
- 주사위 **5개가 모두 다른 수**일 때 ▶ 10점

장사도 대박! 계산도 대박! 시장놀이

덧셈놀이 6세 이상

어릴 적 신나게 하는 놀이로 소꿉놀이, 시장놀이는 빠질 수가 없죠? 아이 친구들이나 조카들이 놀러 왔을 때 꼭 해 보세요. 특히나 외동으로 형제 없이 크는 아이들에게는 큰 추억거리가 될 거예요.

놀이 목표
- 화폐의 종류
- 세 자리수 및 네 자리수의 덧셈, 뺄셈

교과 연계
- 덧셈과 뺄셈

준비물
- 각종 물건들 (연필, 지우개, 필통, 지갑, 색연필, 사인펜, 작은 인형, 장난감, 저금통 등)

이 놀이는요~

돈의 종류에 대해 알고 실생활에서 직접 화폐를 분류하고 물건값을 계산하는 과정을 통해 세 자리 수, 네 자리 수의 덧셈과 뺄셈을 저절로 터득하게 됩니다.

1 판매할 물건들은 잘 정리해 주세요. 가격표도 붙여 놓아요.

2 손님과 주인을 정해요.

3 손님들은 각자 사고 싶은 물건들을 주인에게 사세요.

4 주인은 물건에 대한 설명도 하고 호객행위(?)도 해 보아요.

5 주인은 돈을 받고 정확한 금액인지 확인하세요.

6 물건을 다 팔면 게임은 끝나고 주인은 판매한 총 금액을 계산해 보세요. 그런 다음 주인과 손님을 바꾸어서 또 해 봐요.

경제게임 아틀란티스

민이랍의 강력추천!

경매, 상품, 투자, 이익, 시세 등 아이들에게는 생소한 경제용어들을 알게 해 주는 경제게임이에요. 처음에는 조금 낯설 수 있지만, 몇 번 해 보면 아이들은 어른보다 더 수월하게 익히고 응용을 하더라고요. 돈의 사용과 합리적인 경제를 자연스럽게 익히게 해 주는 게 좋아요.

예산이 초과됐어요! ## 경제활동 생일파티 『덧셈놀이 5세 이상』

해마다 돌아오는 아이들의 생일! 패밀리 레스토랑이나 키즈카페에서 보내시나요?
이번 생일에는 기억에 아주 오래도록 남을 만한 생일파티를 해 보는 건 어떨까요?

놀이 목표
- 덧셈과 뺄셈

교과 연계
- 세 자리수의 덧셈과 뺄셈
- 네 자리수의 덧셈과 뺄셈

준비물
- 초대장, 가짜돈, 생일파티 음식, 모자

이 놀이는요~

'경제활동 생일파티'는 실제로 저희 집 아이들이 '내 생애 최고의 생일파티'로 꼽는, 그리고 아이들의 친구들이 두고두고 너무나 즐거웠다고 기억하는 놀이랍니다. 요금을 내고 거스름돈을 계산하는 과정을 통해 세 자리수/네 자리수의 덧셈, 뺄셈이 확실히 잡힌답니다.

1 생일파티 일주일 전에 '초대장'과 '우리집 발행 가짜돈'을 예쁘게 만들어 전달해요. 가짜돈은 생일파티 당일에 꼭 가지고 오라고 하세요.

2 파티 당일에는 김밥, 피자, 치킨, 아이스크림, 과일, 음료수, 팥빙수 등 아이들이 좋아하는 음식들을 준비하고, 주방의 잘 보이는 곳에 분식점처럼 음식 가격이 적힌 메뉴판을 붙여요.

3 현관 앞을 포토존으로 꾸며요. 그리고 현관 앞에서 대기하다가 들어오는 꼬마손님들마다 기념 사진을 찍어 줘요.

> **Tip** 연예인들 행사 때 포토 존에서 사진 찍는 것처럼 분위기를 조성해 주세요.

4 파티 시작! 초대받은 꼬마 손님들은 가지고 온 가짜 돈을 내고 주방에서 원하는 음식들을 사서 테이블로 가져와 맛있게 먹어요.

5 친구들이 다 모이고 음식도 조금씩 먹었다면 오늘의 하일라이트인 케이크에 촛불 켜고 생일축하 노래를 불러요.

6 이제 플레이 타임이에요. 신나게 아이들이 원하는 놀이를 해요. 놀이공원에서처럼 원하는 놀이를 하려면 요금을 내야 해요. 가지고 온 가짜 돈을 내면 우리집표 수학교구나 게임을 할 수 있어요.

7 남은 돈이 있다면 집에 갈 때 음식을 사가지고 갈 수도 있어요.

이렇게도 놀아요

거리 공연으로 모금하기

나눠 준 가짜돈이 부족한 친구가 있다고요? 그럼 '거리 공연'을 통해 돈을 벌어 보기로 해요. 돈이 더 필요한 친구는 노래나 춤, 엉덩이로 이름 쓰기 등 다양한 장기를 보여 주고 관객들에게 돈을 모금할 수 있어요. 장기를 보이는 친구 앞에는 모자를 하나 마련해 줍니다. 파티에 참석한 친구들이 공연이 좋은 만큼 자기 돈에서 얼마씩을 주게 합니다. 아직 어린 친구들이라면 자기 돈은 주고 싶어 하지 않을 수 있어요. 이럴 때는 아이들에게 억지로 돈을 내게 하지 마시고, 엄마가 공연료를 지불해 주세요. 생일파티 분위기가 가장 중요하니까요.^^

잘 나오는 수 따로 있다! 엄마를 이길 확률

덧셈·확률놀이 6세 이상

고등학교 때 수학에서 '확률'은 포기하셨던 엄마들 많으시죠? 하지만 '경우의 수'와 '확률'은 실생활에 가장 밀접한 수학의 영역이기도 한데요. 우리 아이들에게는 좀 재미있게 접근시켜 주자고요.

놀이 목표
- 한 자리수의 덧셈
- 경우의 수, 확률

교과 연계
- 덧셈과 뺄셈
- 경우의 수와 확률

준비물
- 흰 바둑알 12개
- 검은 바둑알 12개
- 종이컵 혹은 작은 상자 24개
- 주사위 2개

이 놀이는요~

주사위 두 개를 던져서 덧셈을 하면 합이 2~12까지 나오죠. 이 11가지 수가 나올 확률이 각각 다 같을까요? 합이 7이 나올 확률이 가장 높고, 2나 12가 나올 확률은 가장 낮아요. 확률은 이론으로 공부하는 것보다 몸으로 충분히 느끼고 난 후에 그 이유를 찾아보는 것이 가장 좋습니다.

1 종이컵을 잘라 바둑알을 담기 쉽게 해 주세요.

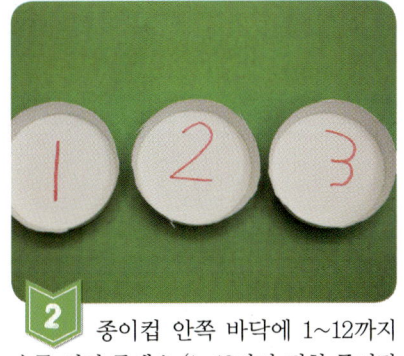

2 종이컵 안쪽 바닥에 1~12까지 수를 적어 주세요.(1~12까지 적힌 종이컵은 2쌍이 필요합니다.)

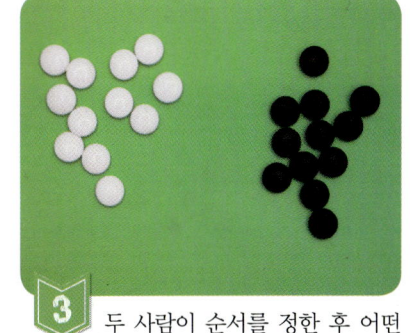

3 두 사람이 순서를 정한 후 어떤 바둑알을 할지 색깔을 정합니다.(바둑알의 개수는 각 12개입니다.)

4 1~12번까지 종이컵을 차례로 놓은 후, 바둑알을 종이컵 안에 원하는 개수만큼 마음대로 넣어 주세요.

5 자, 이제 게임 시작! 자신의 차례가 되면 주사위 두 개를 던져 나온 두 수를 덧셈하세요.

"2하고 5가 나왔네. 2+5는 몇이지?"
"7이요!"

6 두 눈의 합이 있는 종이컵 속의 바둑알을 한 개 가지고 옵니다.

"어, 아까 엄마도 7이 나왔는데 나연이도 7이 나왔네. 신기하나."

7 만약 해당하는 종이컵 안에 바둑알이 없다면 가져오지 못하고, 상대방에게 기회가 넘어갑니다.

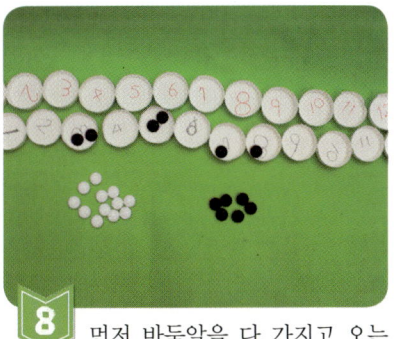

8 먼저 바둑알을 다 가지고 오는 사람이 이깁니다.

> **Tip** 게임을 몇 번 반복하다 보면 7이 나올 확률이 가장 높고, 2가 나올 확률이 가장 적다는 것을 저절로 깨닫게 됩니다. 또한 주사위 2개를 던지므로 1이 나올 확률이 없다는 것도 알 수 있습니다.

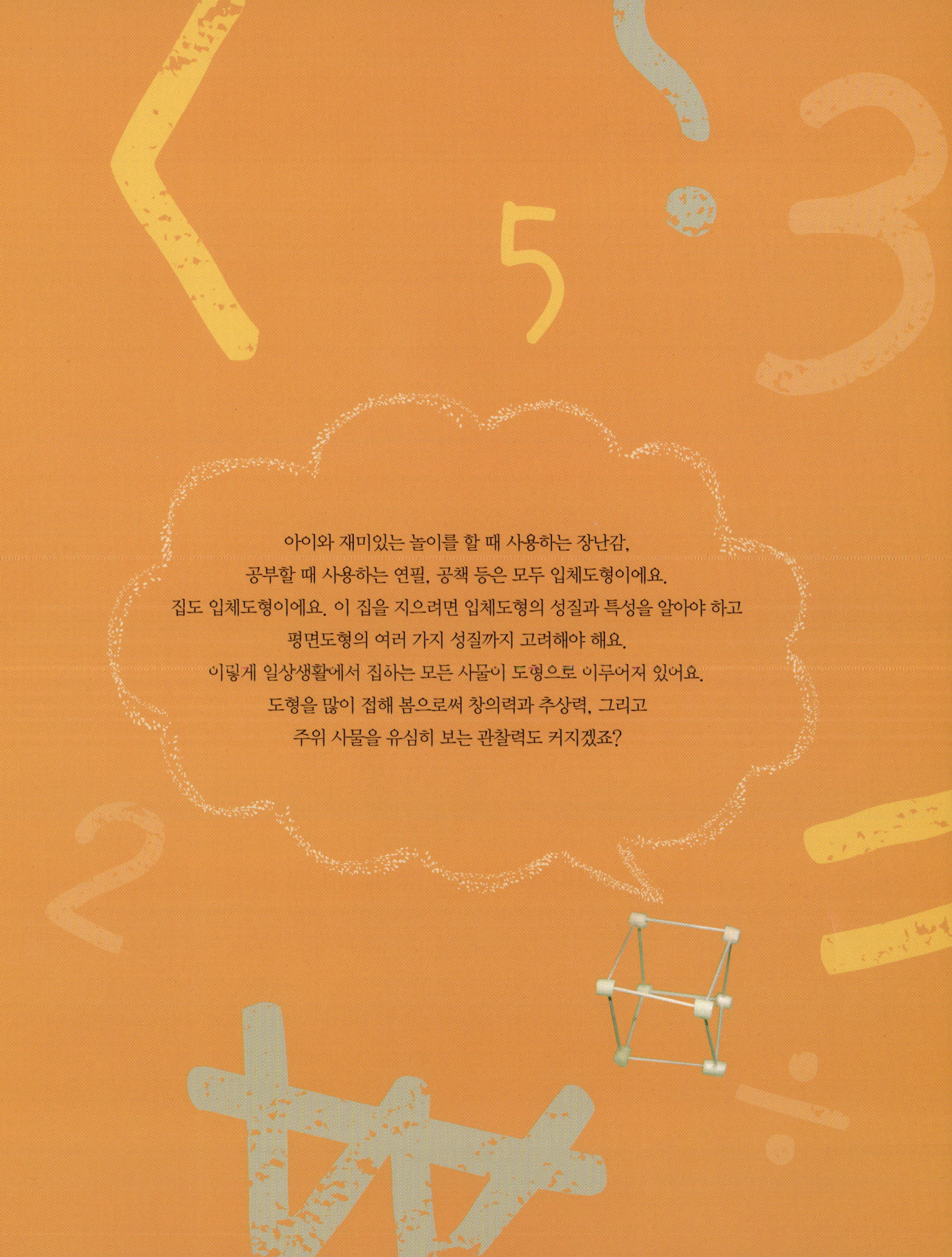

아이와 재미있는 놀이를 할 때 사용하는 장난감,
공부할 때 사용하는 연필, 공책 등은 모두 입체도형이에요.
집도 입체도형이에요. 이 집을 지으려면 입체도형의 성질과 특성을 알아야 하고
평면도형의 여러 가지 성질까지 고려해야 해요.
이렇게 일상생활에서 접하는 모든 사물이 도형으로 이루어져 있어요.
도형을 많이 접해 봄으로써 창의력과 추상력, 그리고
주위 사물을 유심히 보는 관찰력도 커지겠죠?

공간·도형 영역, 이것만은 꼭!
'도형'은 구체물을 조작해 본 경험이 힘입니다

초등 수학은 계산만 잘하면 될 것 같지만 의외로 상상력이 많이 필요합니다. 초등 고학년 아이들이 가장 어려워하는 수학 영역 중 하나가 '도형'인 것만 봐도 그렇습니다. 아이들만 그런 것은 아닙니다. 엄마들이 초등 수학에서 가장 가르치기 어려워하는 부분 중 하나가 바로 '도형 돌리기'입니다. 그런데 도형은 체계성이 뚜렷해 저학년 때부터 올바로 공부하지 않으면 중학교 가서 낭패를 보게 됩니다.

도형은 아이마다 편차가 큰 수학의 영역입니다. '편차가 크다'는 말은 도형 문제는 아이들의 이해도와 실력차가 뚜렷하다는 의미입니다. 더 답답한 것은 도형 감각은 문제를 더 많이 푼다고 해서 길러지지도 않는다는 것입니다. 그렇다면 도형은 어떻게 공부하는 것이 좋을까요? **일단 도형은 구체물을 가지고 직접 조작해 보는 것이 가장 좋으며, 도형의 정의를 명확하게 알고 있어야 합니다.** 학교에서는 아무래도 많은 아이들이 있다 보니 조작 활동을 진행하기에는 어려움이 있습니다. 따라서 집에서 많이 만져 보고, 많이 만들어 보고, 많이 분해해 보며 충분히 조작해 보는 경험을 하게 해 주세요.

아이들 노래 중에는 수학과 관련된 노래들도 많아요. 이런 노래들을 부르면서 재미있는 율동도 곁들인다면 아이들은 수학에 대한 호기심이 생겨 수학을 재미있어하고, 수학적 감각도 발달된답니다. 아래는 '산토끼' 노래를 개사한 도형 노래인데 가사 내용이 참 재미있어 소개드려 봅니다.

꼭꼭 찌르는 꼭지점 기다란 모서리
정사각형 면이 여섯 개 내 이름은 정육면체

'구'와 '원기둥'에 대한 가사도 인터넷을 통해 찾아보시고, 다른 도형들도 여러분이 아이들과 함께 노래를 만들어 보세요. 아이들은 어릴수록 놀면서 배우고 노래하면서 배운답니다. 영어를 '놀이'와 '노래'로 재미있게 접하게 해 주는 것처럼, 수학도 '놀이'와 '노래'로 즐겁게 접하게 해 주세요. 우리 아이들은 타고나길 수학의 천재들로 태어났기 때문에 수학으로 즐겁게 놀고 노래하다 보면 모두가 수학을 좋아하는 아이, 수학적 감각이 있는 아이들로 자라게 될 거예요.

채소의 변신은 무죄! # 채소 도형 무지개

도형놀이 3세 이상

오늘은 수학놀이 할 시간이 없으시다고요? 그럼 냉장고 속 굴러다니는 채소 하나를 잘라 단면을 구경 해 보세요. 채소가 물구나무를 선다면, 거울을 본다면 어떤 모습으로 변할지도 얘기해 보면 수학공부 끝!

놀이 목표
- 채소들의 단면 모양
- 색의 배합

교과 연계
- 여러 가지 모양

준비물
- 물감
- 팔레트용 접시들
- 도화지
- 여러 가지 채소들 (오이, 양파, 당근, 피망, 양송이버섯, 감자 등)

이 놀이는요~

색의 삼원색은 빨강, 파랑, 노랑이에요. '빨강+파랑=보라', '빨강+노랑=주황', '파랑+노랑=초록', '빨강+파랑+노랑=검정'처럼 아이들과 색을 혼합해가며 색의 변화 과정을 지켜 보는 재미도 쏠쏠해요.

1 준비한 채소들의 중간 부분을 잘라 주세요. 단면의 모양이 확실히 보이도록 잘라야 해요.

2 도화지에 원하는 작품의 밑그림을 그리고 어느 채소에 어떤 색을 찍을 건지 결정해요. 빨강부터 시작해 볼까요?

Tip 놀이를 하기 전에 어떤 작품을 완성할지 아이와 미리 충분히 얘기 나눠 보세요.

3 초록도 찍어 보고, 빨간색 물감에 흰색을 섞어 분홍색도 만들어 찍어 봅니다.

4 가장 큰 피망은 파랑으로 찍어 볼까요?

5 찍은 물감 모양을 보며 채소들의 단면 표현이 잘 되었는지 확인해 보세요.

민이랍의 강력추천!

메이크 앤 브레이크

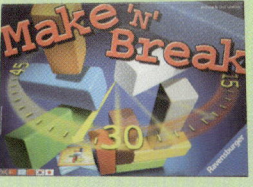

주어진 시간 안에 나무블럭들을 제시된 카드와 똑같이 쌓는 게임이에요. 단순해 보이기는 하나, 상당한 집중력과 균형감각을 키워 주더라고요. 요런 나무 블록으로 활동할 때는 반드시 두 손으로 잡고 하는 것이 균형감각을 익히는 데 더 좋아요.

추억의 인기게임! 청기 올려! 백기 올려!

방향놀이 5세 이상

예전에 한창 유행하던 청기백기 게임 기억나세요? 시대가 많이 흘렀지만 재미있었던 게임은 아이들도 역시나 좋아하더군요. 명절에 친척들이 많이 모였을 때 조카들과 함께 즐기면 더 재미있어요.

놀이 목표
- 왼손, 오른손
- 위, 아래
- 위치 묘사

교과 연계
- 도형의 이동

준비물
- 나무젓가락
- 색종이
- 스카치테이프

이 놀이는요~

자기중심적인 생각을 하는 유아기에 방향 감각을 익히는 첫 단계가 오른손과 왼손을 구분하는 것이에요. 내 몸을 가운데 두고 오른손과 왼손을 구분하기 시작하면 오른쪽, 왼쪽, 위, 아래가 자유로워져요. 평상시 생활 속에서 엄마가 이러한 용어들을 많이 사용해 주세요.

1 색종이를 대각선으로 잘라 세모 모양을 만들어 주세요.

2 나무젓가락에 반 자른 색종이를 붙여서 깃발을 만들어 주세요.

3 양손에 깃발을 들고 오른손, 왼손을 구분해 보아요.

"지유야, 오른손이 어느 쪽 손이지?"
"맞았어. 그럼 왼손은 어디?"

4 엄마가 지시하는 대로 오른손, 왼손을 올려 보세요.

"오른손, 위로 올려."
"왼손, 아래로 내려."
"오른손, 위로 올리지 마."
"왼손, 밑으로 내리지 말고 위로 올리지도 마."

5 깃발을 이제 옆으로도 들어 볼까요?

"오른손, 오른쪽으로."
"왼손, 오른쪽으로.."

> **Tip** 엄마나 언니가 깃발 올리기를 하고 아이에게 지시말을 하게 해 보아요. 입장을 바꾸어 해 보는 것도 좋아요.

이렇게도 놀아요

청기백기 놀이는 구령을 하는 엄마의 역할이 엄청 중요해요. 처음에는 조금 천천히, 갈수록 속도감이 느껴질 수 있도록 빠르게 하다가 또 갑자기 천천히, 강약을 조절하면서 분위기를 맞춰 주세요. 또 한 번은 목소리를 군인 아저씨처럼 크게 하고, 다음에는 어린 아이 목소리로 귀엽게도 해 보아요. 우리 아이들을 위해 이미지 좀 망가져도 괜찮지 않나요? 엄마니까~ 또는 저희 조카들이 가장 좋아하는 건데 '롤러코스터'라는 프로그램의 여자 성우 스타일로 하면 배꼽 잡고 웃을 수 있어요. 이건 엄마보다 언니 오빠들이 더 잘해요.

PART5 공간·도형 놀이 147

도형의 거울 보기
신데렐라의 유리구두 만들기

> 도형놀이
> 4세 이상

예쁜 드레스를 입고 신데렐라의 유리구두를 신으면 정말 공주가 된 느낌이겠죠? 재미난 신데렐라 놀이와 함께 수학공부를 해 볼까요?

놀이 목표
- 도형의 대칭과 합동

교과 연계
- 도형의 합동

준비물
- 색마분지
- 모양스티커
- 사인펜
- 색연필

이 놀이는요~

모양과 크기가 같아서 완전히 겹쳐지는 두 도형을 '합동'이라고 해요. 두 장의 종이를 포개어 놓고 오리면 똑같은 모양의 합동인 도형을 만들 수 있어요. 그리고 생활 속에서도 합동인 도형을 찾아볼 수 있어요. 도장의 원본과 찍은 모양, 똑같은 틀에서 찍어 낸 붕어빵, 거울에 비친 내 얼굴, 양쪽 손바닥 등등을 아이에게 보여 주세요.

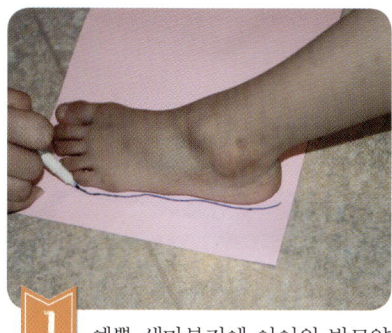

1 예쁜 색마분지에 아이의 발모양을 본뜨기 해요.

2 1의 종이를 반으로 접어 주세요.

3 슬리퍼의 밑바닥이 되게 가위로 오려 주세요. 가위질을 한 번만 했지만 두 장의 모양이 나온 걸 아이에게 꼭 보여 주세요.

4 발등 부분에 종이띠를 붙여 주세요.

5 발등 부분에 패턴이 되게 스티커를 붙여 주세요.

6 슬리퍼 밑바닥 부분도 사인펜으로 예쁘게 장식해 주세요.

7 완성품을 신고 예쁜 공주님이 되어 볼까요? 슬리퍼를 신겨 주실 때 마치 신데렐라가 유리 구두를 신는 것처럼 멋지게 해 주세요.^^

한 번만 더! 꼭꼭 숨어라 머리카락 보일라!

공간인지놀이 3세 이상

두 돌이 지나면 아이들은 잠시도 가만히 있지 않죠? 유아기에는 눈앞에서 사라졌다 나타났다를 경험하면서 사물의 존재감에 대해 인식합니다.

놀이 목표
- 위치 감각

교과 연계
- 도형의 이동

이 놀이는요~

아이들은 오른쪽, 왼쪽, 가운데, 위, 아래 알기를 통해 공간에 대한 인식을 확대시켜 나갑니다. 위/아래, 앞/뒤, 안/밖, 멀다/가깝다 등의 공간 개념을 익혀 공간 어휘를 이해하도록 해 주세요.

1 가위바위보로 술래를 정해요. 술래가 된 사람은 하나부터 열까지 세어 주세요.

> **Tip** 꼭 "하나, 둘, 셋…"을 세지 않고 "무궁화 꽃이 피었습니다." 또는 "One, two, three…"로 해도 좋아요.

2 숨는 사람은 어디에 숨는 게 좋을까요? 쌓아 놓은 책 뒤, 안방 문 뒤 등 아이가 숨는 곳의 위치명을 꼭 짚어서 얘기해 주세요. 그리고 여러 군데 중에 어디에 숨었을까 하며 경우의 수도 말해 보아요.

3 술래는 이곳저곳을 꼼꼼히 살피며 친구를 찾아보세요. 문 뒤에 숨었을까요?

4 베란다에 숨었나요? 찾았으면 "베란다에서 찾았다" 하고 큰 소리로 외쳐 주세요.

5 이번엔 술래를 바꾸어서 해 보아요. 친구가 숨지 않은 곳에 꼭꼭 숨어 보아요.

 민이럽의 강력추천!

픽셀

가로축과 세로축에 맞춰서 칩을 놓다 보면 공간개념, 좌표축의 개념이 몸으로 습득되어요.
오목과 비슷해 보이지만 훨씬 공감각적 사고를 해야 해서 아이들의 두뇌발달에 좋아요.

도형에 강해지는 색종이 선대칭 오리기

> 도형놀이
> 5세 이상

초등 고학년 수학에서 아이들이 굉장히 어려워하는 단원이 바로 '도형'이랍니다. 어떡하냐고요? 유아기 때 색종이를 많이 오리고, 접고, 붙이게 해 주세요.

놀이 목표
- 좌우구분
- 선대칭도형

교과 연계
- 도형의 대칭

준비물
- 색종이
- 가위
- 연필

이 놀이는요~

선대칭이란 한 직선을 기준으로 접었을 때 완전히 포개어지는 것을 말해요. 따라서 왼쪽과 오른쪽 또는 위와 아래가 똑같은 것이에요. 사람, 나비, 잠자리 등 많은 생물이 선대칭인 이유는 몸이 균형을 이루어 좀 더 적응하기 편리하게 발달되어 왔기 때문이래요.

1 아이가 좋아하는 색깔의 색종이를 반으로 접어 주세요.

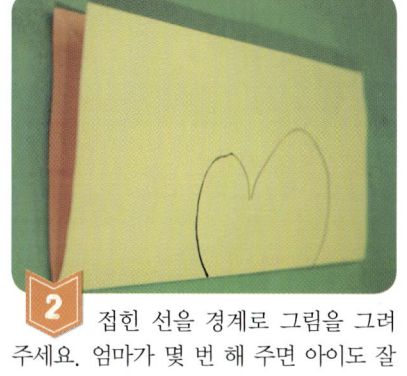

2 접힌 선을 경계로 그림을 그려 주세요. 엄마가 몇 번 해 주면 아이도 잘 따라할 거예요.

3 그린 선을 따라 가위로 오려요. 만약 아이가 가위질을 아직 못한다면 엄마가 대신해 주셔도 좋아요.

4 자른 그림을 펼쳐 보세요.

5 펼쳐진 그림이 대칭이 됨을 보여 주세요.

6 다른 모양으로도 잘라 볼까요?

눈꽃 오리기

색종이를 접어서 만들 수 있는 가장 예쁜 모양은 눈 결정체 모양이에요. 색종이를 삼각형으로 두 번 접은 후 각 모서리마다 자르고 싶은 대로 가위로 자른 후 펼치면 아주 예쁜 모양의 눈꽃이 된답니다. 여러 개를 만들어서 크리스마스 때 예쁜 장식 소품으로 사용해도 좋아요.

같지만 달라요 거울아 거울아~~

대칭놀이 5세 이상

아이들은 거울에 내 모습이 보인다는 것을 무척 신기해 한답니다. 손거울을 들고 집안 곳곳을 살펴볼까요? 거울에 담겨 두 개로 보이는 신기한 세상 속으로 고고~~

놀이 목표
- 도형의 대칭

교과 연계
- 도형의 대칭

준비물
- 손거울
- 도형조각들
- 작은 생활용품들

이 놀이는요~

거울 속에 비친 시계를 보고 실제 시간을 맞추는 문제는 아이들이 참 어려워하고 실수가 많은 문제 유형입니다. 거울을 자주 가지고 놀면서 반대로 비치는 모습을 확인해 보며 사고력을 길러 주면 좋습니다.

1 거울을 들고 "거울아 거울아~ 우리 공주/왕자 얼굴 중에서 가장 예쁜 곳은 어디니?", "거울아 거울아~ 우리 공주/왕자 얼굴 중에서 오른쪽, 왼쪽 대칭인 곳은 어디니?" 하고 물어보세요.

2 도형 조각 하나를 거울에 비춰 볼까요? 어떤 모양이 보이나요?

3 숫자 5도 거울에 비춰 볼까요? 어떻게 보이나요?

4 점은 어떻게 보이나요?

5 여러 가지 모양을 만들어 거울에 비춰 보세요.

> **Tip** 모양을 거울에 비추기 전에 아이에게 거울에 비친 모습을 상상해서 그려 보게 하고, 거울을 대고 그 결과가 같은 모양이 나오는지 확인해 보는 것도 좋아요.

민이랑의 수학톡톡

'거울에 비춰 본다'는 것의 수학적 의미는 선대칭 도형입니다. 그리고 수학에서는 도형을 위, 아래 혹은 오른쪽, 왼쪽으로 뒤집기하는 문제들로 이어집니다. 학령기 이전에 실제 거울을 들고 여러 곳을 대어 보며 나올 수 있는 모양을 예측하는 경험을 많이 하게 해 주세요.

조물조물 싹둑 원기둥 옆구리 자르기

도형놀이 4세 이상

얘들아, 원기둥 속에는 원도 숨어 있고 사각형도 숨어 있대. 자, 이제 너희들이 탐정이 되어 원기둥 속에 숨어 있는 다양한 도형들을 찾아내는 거야. 단, 단칼에 원기둥을 잘라야 해! 잘할 수 있겠지?

놀이 목표
- 입체도형의 단면

교과 연계
- 원기둥과 원뿔
- 입체도형의 공간감각

준비물
- 플레이도(칼라 찰흙)

이 놀이는요~

입체도형을 평면으로 자를 때 생기는 도형의 면을 '단면'이라고 해요. 자르는 방향과 각도에 따라 그 모양과 크기가 모두 다르지요. 입체도형의 단면을 잘라 보지 않고 상상하기란 여간 어려운 게 아니에요. 직접 잘라 보면 단면의 모양을 쉽게 익힐 수 있어요.

1 원기둥 모양의 플레이도를 통에서 꺼냅니다. 원기둥을 가로로 잘라 보세요. 어떤 단면 모양이 나올지 아이에게 예측하게 해 보세요.

"원기둥을 이쪽으로 자르면 어떤 모양이 나올까?"

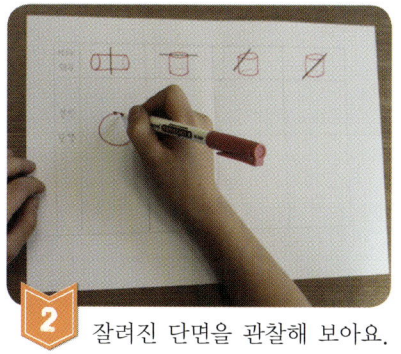

2 잘려진 단면을 관찰해 보아요. 종이에 그림으로 그려 봐도 좋아요.

3 이번에는 원기둥의 가로를 '비스듬히' 잘라 보세요.

4 원기둥을 세로로도 잘라 볼까요?

5 윗부분에서 비스듬히 잘라 보세요.

6 1, 3, 4, 5의 잘려진 단면을 비교해서 얘기해 보아요.

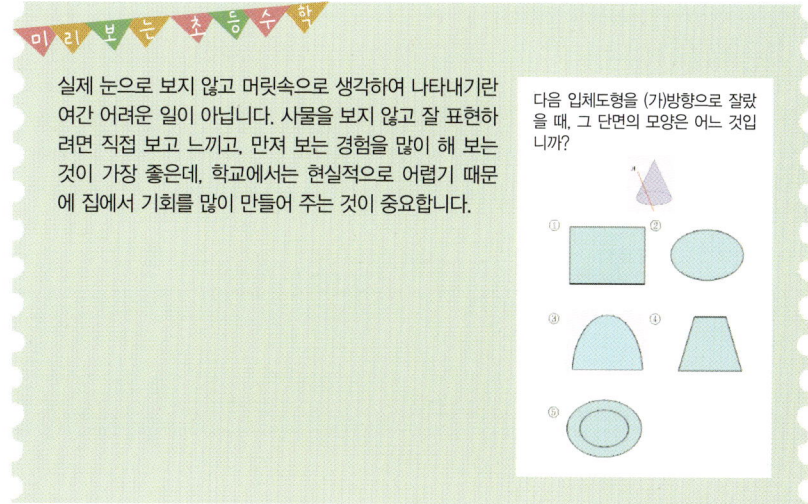

실제 눈으로 보지 않고 머릿속으로 생각하여 나타내기란 여간 어려운 일이 아닙니다. 사물을 보지 않고 잘 표현하려면 직접 보고 느끼고, 만져 보는 경험을 많이 해 보는 것이 가장 좋은데, 학교에서는 현실적으로 어렵기 때문에 집에서 기회를 많이 만들어 주는 것이 중요합니다.

다음 입체도형을 (가)방향으로 잘랐을 때, 그 단면의 모양은 어느 것입니까?

PART5 공간·도형 놀이

지오보드 놀이 후엔 점점점 다각형 그리기

도형놀이 5세 이상

점을 연결하여 도형을 그려 보는 놀이는 단순하지만 아이들이 굉장히 집중하는 놀이입니다. 점을 연결하는 것이 어른들의 생각보다 훨씬 난이도 있는 과제이기도 하죠.

놀이 목표
- 평면도형의 성질 알기

교과 연계
- 평면도형의 모양

준비물
- 연필
- 점판 종이
- 주사위

이 놀이는요~

도형은 점, 선, 면으로 이루어져 있죠. 평면도형 중 다각형은 점과 선의 개수로 이름이 정해져요. 꼭지점과 변이 3개이면 삼각형, 4개이면 사각형이에요. 다각형 그리기 놀이는 아이들에게 도형의 이름과 성질을 가장 쉽게 알려 줄 수 있는 놀이랍니다.

1️⃣ 각자 점판 종이 한 장씩과 연필 한 자루씩 나눠 가져요.

2️⃣ 주사위를 던져서 나온 수만큼 꼭 지점을 정하고 다각형을 그려요. 예를 들어 주사위 수가 3이 나오면 꼭지점이 3개 인 삼각형을 그려요.

3️⃣ 만약 주사위의 수가 1이나 2가 나오면 도형을 그릴 수 없으므로 다음 사람에게 차례를 넘겨요.

4️⃣ 만약 한 번 나왔던 수가 다시 나오면, 전에 그린 모양과는 다른 모양으로 그립니다. 예를 들어, 주사위 눈이 3이 나와서 삼각형을 그리려면 지금까지 그려진 모양과 다른 삼각형을 그려야 해요.

5️⃣ 더 이상 그릴 자리가 없거나 정해진 횟수(예를 들어 10번)를 마치면 게임은 끝나요. 더 많은 다각형을 그린 사람이 이겨요.

미리 보는 초등수학

점과 선이 모여 평면도형이 이루어지는 원리를 쉽게 터득하고, 도형을 여러 가지로, 여러 형태로 알아보는 사고력은 수학경시대회 및 각종 영재교육원 선발문제에 출제율이 높습니다. 다양하게 생각해 보는 습관을 어릴 때부터 잡아 주자고요.
다음은 4학년 〈사각형과 다각형〉 문제입니다.

왼쪽의 작은 직각삼각형을 이용하여 오른쪽의 큰 직각삼각형을 겹치지 않게 빈틈없이 덮으려고 합니다. 왼쪽의 직각삼각형은 몇 개가 필요합니까?

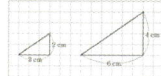  개

PART5 공간·도형 놀이

삼각형 나와라 뚝딱! 뾰족뾰족 이쑤시개 도형나라

도형놀이 5세 이상

입체도형의 모양을 생각할 때 평면이 아니라 입체이기 때문에 머릿속으로 생각해야 해요. 이것은 추상력을 키우는 데 매우 유용한 활동 중의 하나입니다.

놀이 목표
- 입체도형의 종류
- 입체도형의 성질
- 꼭지점과 모서리

교과 연계
- 여러 가지 모양
- 직육면체와 정육면체
- 여러 가지 입체도형

준비물
- 이쑤시개
- 수수깡

이 놀이는요~

입체도형이란 부피를 가지는 도형을 말해요. 우리가 늘 사용하는 컵, 공책, 냉장고 등은 모두 입체도형이죠. 일상생활에서 만나는 도형은 평면도형보다 입체도형이 더 많아요. 수수깡과 이쑤시개의 개수를 세어 보면서 입체도형의 성질과 꼭지점, 모서리, 면의 수를 쉽게 익힐 수 있어요.

1 이쑤시개와 1.5~2cm 정도로 자른 수수깡을 준비해 주세요.

2 수수깡에 이쑤시개를 끼워서 원하는 평면도형을 만들어 보세요.

3 사각형에는 수수깡은 몇 개 사용했는지, 이쑤시개는 몇 개 사용했는지 함께 세어 보아요.

"어머, 멋진 사각형을 만들었네! 이 사각형에는 수수깡이 몇 개야?"

4 삼각형, 사각형에 비해 오각형, 육각형은 낯설 수 있어요. 이번 기회에 오각형과 육각형을 직접 만들면서 명칭에 익숙해지게 해 주세요.

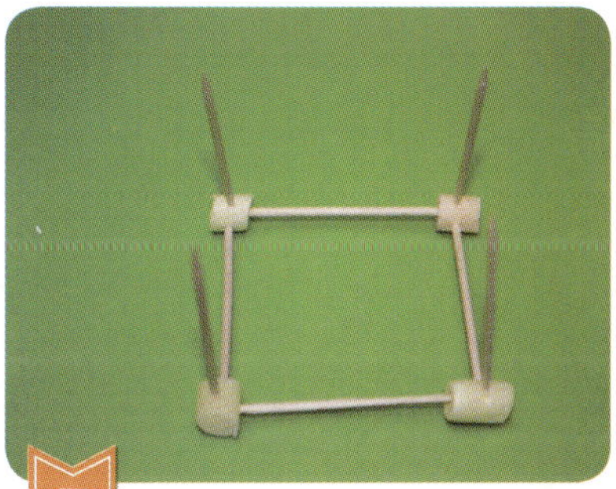

5 이번에는 정육면체를 만들어 볼까요? 3의 사각형에 4개의 기둥을 세웁니다.

6 사각형을 지붕처럼 연결해서 정육면체를 만들어 보아요.

7 정육면체의 수수깡과 이쑤시개 수를 세어 보아요.

"이쑤시개가 몇 개인지 한번 세어 볼까?"

8 아이가 원하는 대로 다양한 모양을 만들어 볼 수 있게 해 주세요.

이리 보고 저리 보고 **나는야 사진사**

> 도형놀이
> 6세 이상

오늘은 사진 찍기 놀이를 해 봐요. 아이에게 직접 여러 가지 사물을 찍어 보게 해 주세요. 카메라 렌즈를 통해 보는 다양한 세상들, 그 속에 우리 아이의 미래가 담기지 않을까요?

놀이 목표
- 평면과 입체의 차이
- 보는 관점에 따른 차이

교과 연계
- 여러 가지 모양
- 여러 가지 입체도형

준비물
- 카메라
- 가베 또는 블록

이 놀이는요~

모든 사물들은 위에서 본 모습, 앞에서 본 모습, 옆에서 본 모습이 모두 다릅니다. 하지만 우리 아이들은 보이는 대로 믿는 시기이며, 보존 관념이 제대로 형성되어 있지 않으므로 눈으로, 몸으로 직접 보고 느낄 수밖에 없습니다. 많은 경험과 체험을 통해 다양한 모습들을 많이 볼 수 있게 해 주세요.

1 가베나 블록을 쌓아 입체적인 구조물을 만듭니다.

2 1번의 앞모습을 찍어 보아요.

3 이번엔 위에서 찍어 보세요.

4 오른쪽 옆에서도 찍어 볼까요?

5 다른 장난감이나 사물들도 여러 방면에서 사진을 찍어 보세요.

미리 보는 초등수학

사물을 다양한 각도에서 본다는 것은 입체적인 사고력을 키우는 데 가장 큰 역할을 합니다. 보이는 것과 보이지 않는 것을 머릿속으로 상상하여 알아가게 되면 수학교과에서 입체적인 도형문제를 다룰 때 쉽게 접근할 수 있지요. 같은 물건이라도 위에서, 옆에서, 앞에서, 뒤에서 볼 때 어떻게 다른지 생활 속에서 많이 다루어 봐요. 다음은 5학년 도형 문제입니다.

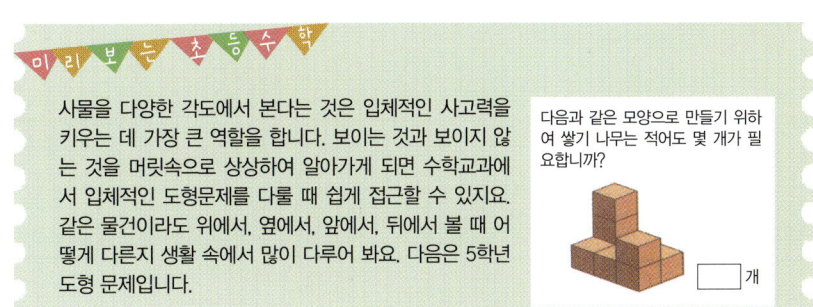

다음과 같은 모양으로 만들기 위하여 쌓기 나무는 적어도 몇 개가 필요합니까?

☐ 개

내가 해냈어! 아슬아슬 막대 쌓기

패턴놀이 6세 이상

활동력이 가장 왕성한 이 시기에 우리 아이가 좀 차분하고 집중력이 있으면 좋겠다는 생각을 많이 했어요. 저절로 집중력도 길러지고 수학공부도 되는 막대놀이, 활발한 아이도 참 좋아하더라고요.

놀이 목표
- 수의 분배
- 균형 감각

교과 연계
- 패턴

준비물
- 꼬치 또는 나무젓가락 30개
- 입구가 넓은 병

이 놀이는요~

쌓기 놀이는 유아들의 조형 능력과 균형 감각, 패턴 인지 학습에 도움을 주는 놀이 영역입니다. 그리고 아이들이 가장 좋아하는 놀이이기도 하죠. 아이들은 주어진 재료를 균형에 맞게 쌓는 과정에서 커다란 도전의식과 성취감을 기르게 됩니다.

1 한 사람당 막대를 15개씩 나누어 가지세요.

2 자신의 차례에 5개를 한 방향으로 평행하게 병 위에 올려요.

3 다른 사람은 반대 방향으로 5개를 올려 놓아요.

4 만약 떨어뜨리면 떨어진 막대는 도로 가져가고, 자신의 차례에 또 5개 올려요.

5 막대를 모두 병 위에 먼저 올린 사람이 이깁니다.

> **Tip** 아이가 아직 나이가 어리거나 집중력이 약하다면 입구가 넓은 병을 사용해 좀 더 안정감을 주고, 반대로 연령이 높거나 집중력이 좋은 아이라면, 그리고 이 게임의 횟수가 많아질수록 병의 입구가 점점 좁아지게 하면 훨씬 흥미로운 게임이 됩니다.

이렇게도 놀아요

산가지 놀이
전통놀이인 산가지 놀이로 또 한 번 집중력을 길러 보아요. 막대 10개를 한 손에 잡았다가 잡은 주먹을 펴서 책상 위에 떨어뜨리면 사방으로 막대들이 쓰러지겠죠? 다른 막대를 건드리지 않고 막대를 하나씩 가지고 옵니다. 건드리면 다른 사람에게 차례가 넘어갑니다. 많이 가지고 온 사람이 이겨요.

아빠와의 두뇌싸움 바둑알 체스

공간놀이 6세 이상

어느 집에나 흔히 있는 바둑판으로 즐길 수 있는 놀이입니다. 같은 놀이라 하더라도 엄마랑 할 때와 아빠랑 할 때 아이는 서로 다른 자극을 받게 되니 아빠와의 놀이 시간도 확보해 주시는 게 좋아요.

놀이 목표
- 위치감각 (위, 아래, 왼쪽, 오른쪽)
- 가까운 거리, 먼 거리 비교

교과 연계
- 문제 푸는 방법 찾기
- 길이 재기

준비물
- 바둑판
- 흰 바둑알 10개
- 검은 바둑알 10개
- 숫자 주사위 2개

이 놀이는요~

자신의 바둑알을 이동해 상대방의 바둑알을 따먹는 이 놀이는 '바둑'이나 '장기'와 같이 어떻게 자신의 말을 움직이느냐에 따라 결과가 달라지는 전략 게임입니다. 엄마, 아빠의 게임 전략을 곁눈질하며 배우는 과정에서 엄청난 두뇌 회전이 일어나게 돼죠.

1 아빠와 아이가 바둑알 색깔과 순서를 정하고 각자 바둑알을 놓아요. 바둑할 때처럼 꼭지점에 맞춰서 놓으면 돼요.

2 자기 차례가 되면 주사위 2개를 던지세요.

3 나온 숫자 2개를 더하거나 뺀 숫자만큼 바둑알을 이동합니다.

4 이동한 칸에 상대방 바둑알이 있으면 따먹어요. 상대방의 바둑돌을 먼저 다 따먹는 사람이 이겨요.

> **Tip** 이 게임을 처음 하는 아이들은 모두 위로만 움직이든지 옆으로만 움직여서 상대방의 바둑알을 따먹기 힘들어 하더라고요. 그렇다고 방법을 일일이 다 가르쳐 주면 주입식 교육(?)이 될지도 모르니 게임 중에 엄마나 아빠가 한두 번만 색다른 방법으로 바둑알을 따먹어 보세요. 아이들의 눈동자가 커지면서 스스로 두뇌회전을 더 많이 한답니다.

게임 예시

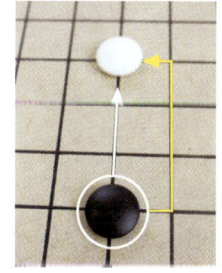
내 바둑알 (검정)

나온 주사위	방법 예
1과 2	"1 더하기 2는 3"이라고 말하고 위로 3칸을 움직여서 흰색을 따먹어요.
2와 5	"5 빼기 2는 3"이라고 말하고 위로 3칸을 움직여서 흰색을 따먹어요.
2와 3	"2 더하기 3은 5"라고 말하고 오른쪽으로 1칸, 위로 3칸, 왼쪽으로 1칸 움직여서 흰색을 따먹어요.

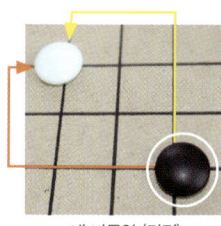
내 바둑알 (검정)

나온 주사위	방법 예
1과 3	• "1 더하기 3은 4"라고 말하고 위로 2칸, 왼쪽으로 2칸 움직여서 흰색을 따먹어요. • 혹은 왼쪽으로 2칸, 위로 2칸 • 혹은 왼쪽으로 1칸, 위로 2칸, 왼쪽으로 1칸
2와 4	• "2 더하기 4는 6"이라고 말하고, 위로 3칸, 왼쪽으로 2칸, 아래로 1칸 움직여서 흰색을 따먹으면 돼요. • 혹은 왼쪽으로 3칸, 위로 2칸, 오른쪽으로 1칸

수학 교구는 아이들이 수학의 개념들을 쉽게 이해할 수 있도록
도와줍니다. 학습지나 문제집으로 문제만 푼 아이들과 수학 교구를
이용해 수 개념, 도형 개념을 익힌 아이들은 수학이 어려워지는
초등 4학년 이후에 큰 실력차를 보입니다. 수학 교구가 좋은 건 아는데
너무 비싸다고요? 몇십만 원을 호가하는 비싼 교구도 있지만,
1만 원대의 저렴하고 좋은 교구들도 많고
몇 가지는 간단하게 만들어서 사용할 수 있으니
교구를 무조건 멀리 하실 필요는 없어요.
여기서는 초등 수학에서 필요한 수학적 개념들을 잡아 주는 데
매우 중요한 수학 교구들을 소개하도록 하겠습니다.

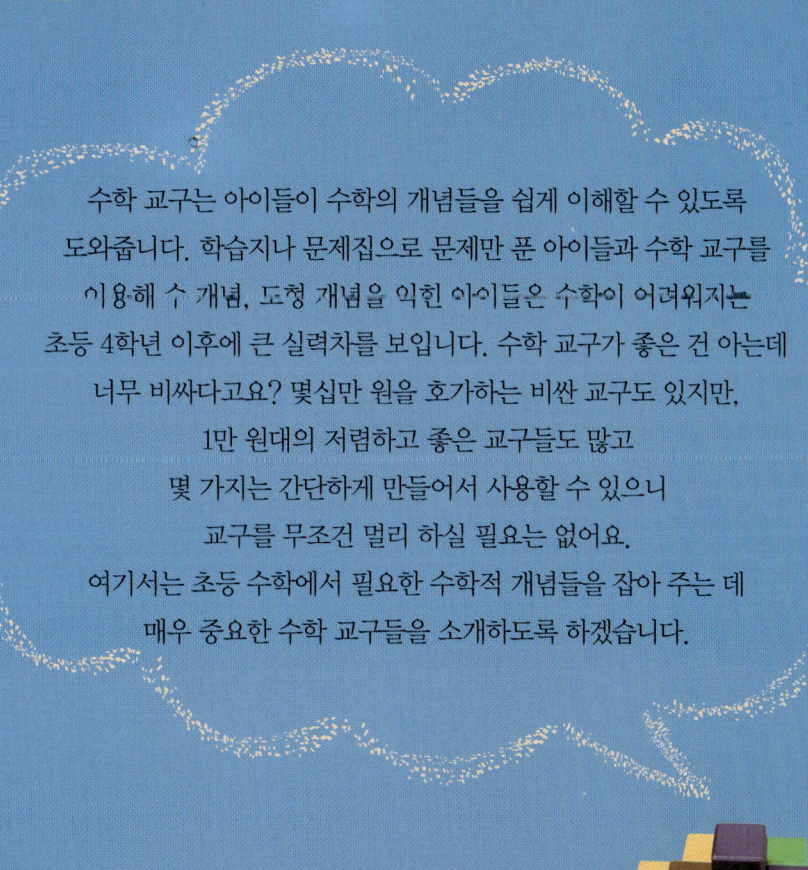

수학 교구, 이것만은 꼭!
도형 개념을 탄탄하게 잡아 주는 수학 교구들

칠교
칠교는 정사각형을 일곱 개의 기하도형으로 잘라 이리저리 맞추어 여러 가지 동물이나 물건, 문자의 모양을 만들며 노는 재미있고 유익한 전통놀이입니다. 칠교판은 오래 전 중국에서 유래되었으며 조선시대에는 세자들의 교육용으로도 쓰여졌다고 하네요. 19세기 초 미국과 유럽에 소개되어 탱그램이라는 이름으로 크게 유행하였으며, 나폴레옹도 유배생활 중에 이 놀이를 즐겼다고 전해집니다. 평면도형의 기본원리, 도형의 분할, 도형의 조합 등을 익힐 수 있습니다.

패턴블록
패턴블록은 60년대 초에 미국의 초등과학연구회가 평면 공간 위에 여러 가지 패턴을 탐구하기 위해 개발한 학습 교구입니다. 패턴블록은 미국 및 세계 여러 나라 학교에서 다양한 방법으로 교육에 적용되고 있으며, 우리나라 제7차 교육과정에서 요구하는 수학적 사고력을 바탕으로 복잡한 수학의 원리를 보다 쉽게 이해하고 재미있게 접근할 수 있도록 돕습니다. 평면도형의 기본원리, 도형의 규칙, 패턴활동, 도형의 분할 등을 익힐 수 있습니다.

패턴블록 도형의 이름 및 특성

노란색 정육각형	빨간색 사다리꼴	파란색 평행사변형	녹색 정삼각형	주황색 정사각형	보라색 마름모
모든 변의 길이가 같고 모든 각이 같다. 이러한 도형을 정다각형이라고 한다.	4개의 변으로 이루어져 있고, 마주보는 한 쌍의 변이 평행하며, 평행하지 않은 변의 길이는 같다.	마주보는 변이 평행하며 마주보는 변의 길이가 같다.	세 각의 크기와 세 변의 길이가 모두 같다.	네 각의 크기와 네 변의 길이가 모두 같다.	마주보는 변이 평행하며 네 변의 길이가 같다.

펜토미노

펜토미노의 유래는 체스판에서부터 시작되었어요. 영국의 정복 왕 윌리엄의 아들과 프랑스의 왕세자가 체스 게임을 하는데, 게임이 안 풀리자 프랑스의 왕세자가 체스 말을 상대방에게 던졌고, 윌리엄의 아들도 왕세자의 머리에 체스판을 내리쳐 깨뜨렸어요. 이렇게 제각각으로 나뉘어진 체스판의 조각에서 유래하여 펜토미노가 만들어졌대요.
펜토미노는 '정사각형 다섯 개'로 이루어졌어요. 펜토미노는 5개 정사각형의 모서리와 모서리를 연결하여 다양하게 조합한 2차원 형상으로 12가지의 기본형이 존재하며, 총 64가지의 형상이 생깁니다. 펜토미노를 통해 도형의 밀기, 뒤집기, 회전하기 등의 평면도형의 특징을 알 수 있습니다.

지오보드

지오보드는 영국의 수학자 가태노가 개발한 수학교구입니다. 판자 위에 일정한 간격으로 못을 박은 뒤 그 위에 고무줄을 걸어 여러 가지 도형을 구성할 수 있도록 만들어졌어요. 지오보드는 평면도형을 이해하고, 도형에 관한 다양한 탐구활동을 통해 공간지각력과 통합적 사고력, 문제해결력을 향상시키는 데 도움을 주는 수학교구입니다. 평면도형의 정의, 성질 등을 익히고, 대칭, 뒤집기, 돌리기 등의 원리를 익힐 수 있어요.

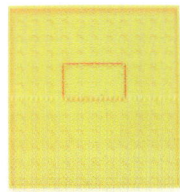

소마큐브

소마큐브는 정육면체 세 개 혹은 네 개를 붙여서 만든 7개의 조각으로 구성된 정육면체 모양의 입체 퍼즐이에요. 이 7개의 조각을 조합하여 수천 가지 형태를 만들어 낼 수 있어요. 소마큐브로 정육면체를 만드는 방법은 총 250가지가 있어요. 입체도형의 부피, 겉넓이 등을 익힐 수 있으며, 입체적인 사고력, 공간지각력, 창의력을 키워 줄 수 있어요.

마법의 7조각 칠교 만들기

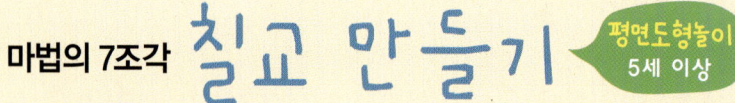

평면도형놀이
5세 이상

초등 1, 2학년 수학경시대회에 칠교 문제가 종종 출제돼요. 칠교를 색종이로 직접 잘라 본 아이들은 쉽게 느껴지겠지요?

놀이 목표
- 도형의 분할 알기

교과 연계
- 평면도형과 그 구성요소

준비물
- 색종이
- 가위

이 놀이는요~

칠교는 저렴한 교구이기 때문에 문구점에서 쉽게 구입해서 활용할 수 있지만, 색종이를 잘라 직접 칠교 조각을 만들어 보면 7개의 조각들이 어떤 종류의 도형들로 이루어져 있는지 관찰할 수 있어 도형의 분할, 도형의 조합, 크기 비교 등을 이해할 수 있게 됩니다.

1 정사각형 색종이를 대각선으로 잘라요.

"네모를 대각선으로 자르니 두 개의 세모가 되네."

2 세모 한 조각은 두고, 다른 한 조각만 반으로 잘라요.

"세모 한 개는 가운데를 잘라 다시 두 개의 세모로 나누어 보자."

3 나머지 한 조각은 그림과 같이 접어요.

> **Tip** 수학 교과서에서는 1학년 아이들은 세모, 네모, 동그라미를, 2학년 이상은 삼각형, 사각형, 원이라는 용어를 사용해요.

4 접은 부분을 잘라요. (아이들은 여기까지 보고 돛단배 모양 같다고 하더군요.)

5 돛단배의 몸통 부분을 반으로 접어요.

6 접은 부분을 잘라요.

7 배의 일부분을 그림과 같이 접은 후 잘라요.

8 나머지 부분도 그림과 같이 접은 후 자르면 완성입니다. 모두 7개의 도형, 즉 큰 삼각형 2개, 중간 삼각형 1개, 평행사변형 1개, 정사각형 1개, 작은 삼각형 2개가 생겼어요.

9 칠교 조각이 완성되었어요. 아이와 함께 도형의 이름을 하나씩 말하면서 익혀 보아요.

같은 도형 만들기 칠교놀이 1

도형놀이 6세 이상

칠교 조각으로 기본 도형의 원리를 알아보아요. 경시대회의 같은 넓이를 구하는 문제도 도형의 기본 구성원리를 인지하고 있는 아이라면 쉽게 풀어냅니다.

놀이 목표
- 도형의 기본 구성원리
- 평면도형의 분할, 조합

교과 연계
- 평면도형과 그 구성요소

준비물
- 칠교 1세트

이 놀이는요~

작은 조각 하나하나를 붙여 보면서 도형의 크기와 면적에 대한 감각을 익혀요.

1 작은 삼각형 두 조각으로 정사각형을 만들어 보아요. 삼각형 2개를 정사각형 위에 올려 보아도 좋아요.

2 작은 삼각형 두 조각으로 중간 크기의 삼각형을 만들어 보아요.

3 작은 삼각형 두 조각으로 평행사변형을 만들어 보아요.

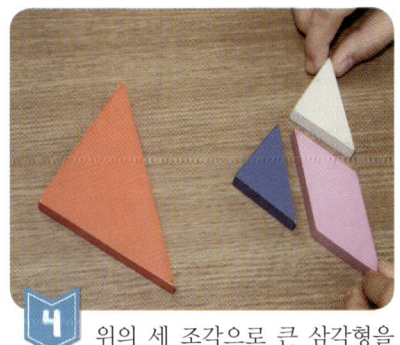
4 위의 세 조각으로 큰 삼각형을 만들어 보아요.

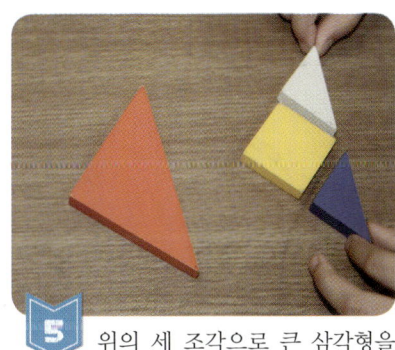
5 위의 세 조각으로 큰 삼각형을 만들어 보아요.

6 위의 세 조각으로 큰 삼각형을 만들어 보아요.

7 위의 세 조각으로 사각형도 만들어 봐요.

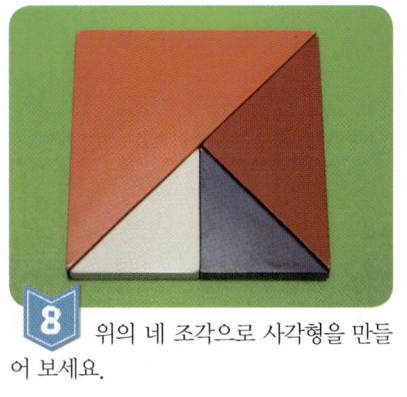
8 위의 네 조각으로 사각형을 만들어 보세요.

9 위의 다섯 조각으로 정사각형을 만들어 봐요.

상상력이 쑥쑥 자라는 **칠교놀이 2**

> 구성놀이
> 6세 이상

칠교 7조각으로 다양한 동물 모양, 탈것 모양을 만들어 보아요. 처음에는 주어진 모양을 보고 따라 만들게 해 주세요. 만들다 보면 아이들이 상상력을 발휘해서 새로운 모양들도 곧잘 만들어 낸답니다.

놀이 목표
- 도형의 조합

교과 연계
- 평면도형의 모양

준비물
- 칠교 1세트

이 놀이는요~

7개의 칠교 조각으로 여러 가지 평면 도형을 만들어 보면서 도형의 분할을 알 수 있고, 창의력과 논리적 사고력이 키워집니다.

사물

1 '꽃'을 만들어 보세요.

2 '화살표'를 만들어 보세요.

3 '크리스마스 트리'도 멋져요.

동물원

4 이 동물은 사막에 살아요. 정답은 '낙타'입니다.

5 '여우'처럼 보이나요?

6 이것은 무엇일까요? 아이에게 맞히게 해 보세요. 정답은 '곰'입니다.

탈것

7 남자아이들은 탈것을 좋아하죠? '돛단배'를 만들어 보아요.

8 이것은 '비행기'예요.

9 '자동차'처럼 보이나요, 아니면 '여객선'처럼 보이나요?

PART6 수학교구 놀이

합치면 다른 도형이 된다 패턴블록 도형 만들기

도형놀이 4세 이상

두 개의 도형을 합쳐 다른 도형을 만드는 과정이 엄마에게는 쉬워 보여도 아이들은 의외로 굉장히 헷갈려 합니다. 도형을 자주 만지고, 자주 관찰하고, 신나게 놀아 보는 것이 가장 지름길입니다.

놀이 목표
- 평면도형의 특성 및 도형들 간의 관계 익히기

교과 연계
- 평면도형의 모양
- 평면도형과 그 구성요소

준비물
- 패턴블록

이 놀이는요~

패턴블록을 사용하여 여러 가지 모양을 표현해 보면 도형들의 특성과 도형들 간의 관계를 자연스럽게 익히게 되어 논리적인 추론 능력이 향상됩니다.

1 패턴블록에는 어떤 도형들이 있는지 하나하나 만져 보고 어떤 모양인지 같이 얘기 나눠 봐요. 크기 순서대로 놓아도 보고, 어느 도형이 가장 마음에 드는지 골라도 보세요.

Tip 아이가 어리다면 정확한 명칭 대신 벌집 모양, 사다리 모양, 네모 모양, 다이아몬드 모양, 길쭉한 다이아몬드 모양, 세모 모양처럼 알려 주셔도 돼요.

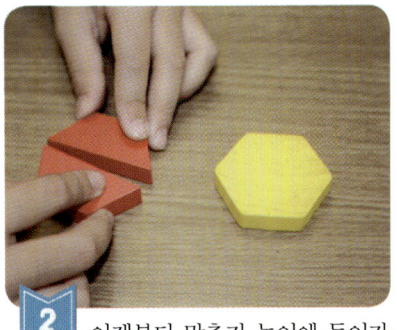

2 이제부터 맞추기 놀이에 들어가요. 첫 번째는 '사다리꼴로 육각형 만들기'예요. 가장 빨리 만드는 사람에게는 1점을 줍니다. (사다리꼴 몇 개를 사용했는지 꼭 말해 보게 하세요.)

"자, 지금부터 문제 들어갑니다. 사다리꼴로 육각형을 만들어 보세요."

Tip 엄마는 퀴즈 프로그램 아나운서처럼 말하시되, 조금 스피드 있게 해 주시면 더 재미있어요.

3 이번에는 평행사변형으로 육각형을 만듭니다.

"평행사변형 몇 개로 육각형을 만들 수 있을까요? 빨리 만들고 정답을 외쳐 주세요!"

Tip 온 가족이 다 같이 모여 앉아 해도 좋고요, 형제가 퀴즈 프로에서 대결하는 것처럼 해도 좋아요.

4 삼각형으로도 육각형을 만들어 볼까요?

"삼각형 몇 개로 육각형을 만들 수 있을까요? 빨리 만들고 정답을 외쳐 주세요!"

5 마지막 문제! 여러 가지 도형을 섞어서 가장 빨리 육각형을 만드는 사람이 이깁니다.

민이랍의 수학 톡톡

패턴블록의 활용
패턴블록은 각 도형의 변의 길이가 같고, 넓이는 배수가 되고, 각이 30도의 배수가 되어서 각 도형 간의 관계가 원활합니다. 그래서 블록들을 서로 맞추어서 도형들 간의 관계를 탐구하는 데 유용하게 쓰입니다. 그러므로 수학에서 연산의 이해, 분류, 비교, 측정, 각, 표, 수식, 함수, 대칭을 원활히 할 수 있는 교구로 사용됩니다.

한 각 90도	한 각 60도	한 각 120도	윗각 120도 아래각 60도	큰각 150도 작은각 30도	큰각 120도 작은각 60도

나만의 작품세계 패턴블록 아티스트

구성놀이 5세 이상

패턴블록으로 다양한 작품들을 만들어 볼 수 있어요. 또 같은 패턴이 반복되어 아름다운 무늬가 되는 테셀레이션도 아이들이 참 좋아하는 놀이 중 하나죠. 오늘은 패턴블록 아티스트가 되어 볼까요?

놀이 목표
- 도형의 모양
- 도형의 합성
- 테셀레이션

교과 연계
- 여러 가지 모양
- 사각형과 다각형

준비물
- 패턴블록 1세트

이 놀이는요~

아이들은 원래 창의적이에요. 그런데 수학교구를 너무 도안이나 교재에 맞추어 활용하다 보면 아이들의 창의성을 해치게 되는 경우가 많아요. 삼각형, 사각형, 오각형 외에도 다양한 도형과 패턴들에 수학은 모두 들어가 있으니 아이들이 편안하게 수학 교구를 활용할 수 있도록 해 주세요.

 1 '사람'을 만들어 보아요.

 2 아이들은 '집'도 좋아해요.

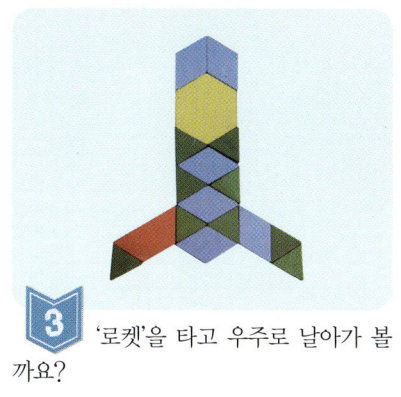 3 '로켓'을 타고 우주로 날아가 볼까요?

 4 이번에는 '잠수함'을 타고 바다로 해저탐험을 떠나 보아요.

 5 앗, '공룡'이 나타났어요. 모두 피해요, 피해!

 6 '왕관'을 쓰고 왕자님, 공주님도 되어 보세요.

패턴블록 테셀레이션

'테셀레이션(tessellation)'이란 마루나 욕실 바닥에 깔려 있는 타일처럼 어떠한 틈이나 포개짐 없이 평면이나 공간을 도형으로 완벽하게 덮는 것을 말해요. 테셀레이션은 아름다울 뿐 아니라, 아이들이 흥미 있게 도형의 각 크기, 대칭과 변환, 합동 등을 학습할 수 있게 해 줍니다. 오른쪽과 같은 테셀레이션 작품을 만들어 보고, 우리 주변에 있는 테셀레이션이 무엇인지 얘기도 나눠 봐요.

정사각형 모여라 미노조각 만들기

평면도형놀이 6세 이상

'도미노'란 말 많이 들어 보셨죠? 도미노는 정사각형인 미노 조각이 2개라는 뜻이에요. 미노 조각이 5개이면 펜토미노이고요. 정사각형의 작은 색종이로 도형의 세계에 빠져 보아요.

놀이 목표
- 공간 지각력
- 도형 구성력
- 도형 인식력

교과 연계
- 평면도형
- 평면도형의 이동

준비물
- 마분지
- 가위
- 펜토미노 1세트

이 놀이는요~

교구를 만들어서 사용하는 것의 장점은 만드는 과정을 통해 교구가 가진 성격이나 특징들을 체득할 수 있게 된다는 것입니다. 집에 있는 교구라도 한번 만들어 보면서 그 특징을 발견해 보세요.

1 도화지를 잘라 2cm×2cm 크기의 정사각형을 약 100조각 정도 만듭니다.

2 정사각형 1조각은 '모노미노'라고 합니다.

3 정사각형 2조각을 붙여 보세요. '도미노'라고 합니다.

4 3조각을 붙이면 '트리미노'라고 합니다. 어떤 모양이 나오는지 살펴봐요.

5 4조각을 붙이면 어떤 모양이 나오나요? 용어는 '테트로미노'예요.

6 자, 이제 펜토미노 조각을 만들어 볼까요? 5조각을 붙여 보세요.

> **Tip** 수학에서는 뒤집거나 돌려서 같은 모양이 되면 같은 걸로 판단합니다.

민이랩의 수학 톡톡

펜토미노 조각들에는 각각 이름이 붙여졌는데 쉽게 기억하는 방법은 알파벳 FILNP와 알파벳의 끝 부분인 TUVWXYZ를 기억하면 됩니다.

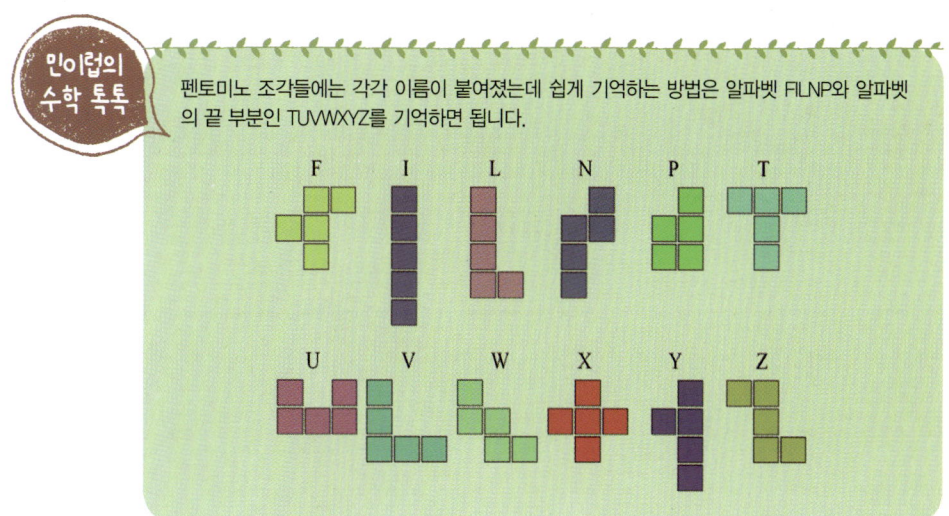

정사각형 5형제! 창의왕자 펜토미노

퍼즐놀이 6세 이상

펜토미노를 직사각형으로 틀에 맞추는 놀이 외에도 창의적인 모양을 만들며 놀아 보세요. 엄마가 몇 개 시범을 보여 주면 아이들은 상상력과 창의력을 발휘해서 엄마가 깜짝 놀랄 작품들을 만들어 내요.

놀이 목표
- 도형의 조합
- 도형의 뒤집기
- 돌리기

교과 연계
- 평면도형과 그 구성요소
- 평면도형의 이동

준비물
- 펜토미노 1세트

이 놀이는요~

펜토미노 조각들이 모두 5개의 정사각형이 모여서 만들어진 것이라는 걸 아셨나요? 펜토미노의 펜토(pento)는 '다섯'을 가리킨다고 합니다. 펜토미노 조각을 뒤집고 돌리면서 재미있는 모양을 맞춰 보는 활동을 통해 퍼즐에 대한 흥미를 갖게 되고, 도형과 공간 개념을 익힐 수 있어요.

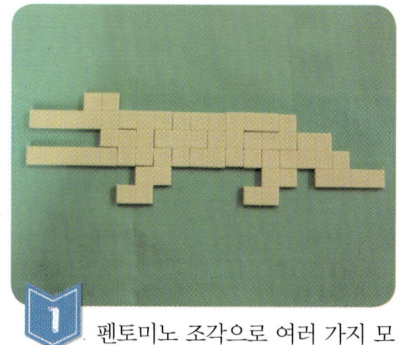
1 펜토미노 조각으로 여러 가지 모양을 만들 수 있어요. '악어'를 만들어 볼까요?

2 '펭귄'과 함께 남극 여행을 떠나요.

3 멋진 뿔을 가진 '사슴'을 만들어 보세요.

4 여우가 나오는 동화책을 읽고 나서 '여우'를 만들어 볼까요?

5 늠름한 '수탉'이 완성되었어요.

민이랩의 수학 톡톡

펜토미노 퍼즐의 교육적 효과
- 평면 및 입체 도형을 분할, 통합해가는 과정에서 공간지각 능력이 자연스럽게 향상된다.
- 퍼즐을 놀이의 형태로 체험하면서 학습에 대한 흥미를 유발시키고 수학적 추론 능력을 키워 준다.
- 다양한 형태의 모형을 만들어가는 과정에서 집중력과 인내심이 향상된다.
- 문제를 해결해가는 과정에서 성취감과 도전의식이 고무되며 문제를 풀어 내기 위해 논리적으로 관찰하고, 분석하고, 비교하고, 추리하는 동안 자연스럽게 문제 해결능력이 향상된다.
- 자신만의 새로운 모양을 만들어 내는 과정에서 도형 구성력과 창의력이 개발된다.

– 오픈백과 中에서

신나는 도형나라 지오보드 도형 만들기

도형놀이 4세 이상

동그라미, 세모, 네모를 안다는 것은 수학을 알아간다는 증거예요. 고무줄 하나로 도형의 세계에 빠져 보세요. 아이들이 신나서 따라옵니다.

놀이 목표
- 평면도형의 종류

교과 연계
- 평면도형의 모양

준비물
- 지오보드
- 고무줄

이 놀이는요~

평면도형은 점과 선으로 이루어진 도형이에요. 고무줄로 이리저리 연결해 보면서 꼭지점과 선분, 변이 무엇인지 자연스럽게 체득하며 도형은 어렵지 않다는 것을 알게 됩니다.

1 고무줄로 양쪽 두 점을 연결해 보세요. 선분이 되어요.

2 점 세 개를 연결해서 삼각형을 만들어 보아요.

3 여러 가지 삼각형을 만들어 보아요. 같은 모양의 삼각형을 크기가 다르게 만들어 보게 하세요.

4 점 4개를 연결해서 사각형도 만들어 보아요.

5 점 5개를 연결해서 오각형을 만들어 보아요.

6 육각형, 그 외 다각형도 만들어 보세요.

7 자신이 원하는 모양도 자유롭게 만들어 보아요.

> **Tip** 모양이 다른 도형을 많이 만들어 보는 경험을 통해 사물을 여러 가지로 생각해 보는 융통성과 새로운 것에 도전해 보는 창의력도 길러져요.

도형의 이동 문제없다! # 지오보드로 도형 돌리기

도형놀이 6세 이상

도형을 여러 번 돌리고 위아래로 뒤집으며 이동하는 '평면도형의 이동'은 아이들이 아주 헷갈려 하는 수학 단원 중 하나입니다. 지오보드로 미리미리 연습을 해 두면 좋아요.

놀이 목표
- 도형의 합동
- 도형의 대칭
- 도형의 비율

교과 연계
- 여러 가지 모양
- 평면도형, 평면도형의 이동
- 사각형과 다각형
- 도형의 합동 및 도형의 대칭

준비물
- 지오보드
- 고무줄

이 놀이는요~

'기하판'이라고도 하는 지오보드는 여러 가지 도형을 구성해 봄으로써, 도형에 대한 흥미와 친숙함을 갖게 하는 수학교구입니다. 저렴하면서도 유아에서 초등까지 두고두고 활용도가 높아요.

도형의 대칭

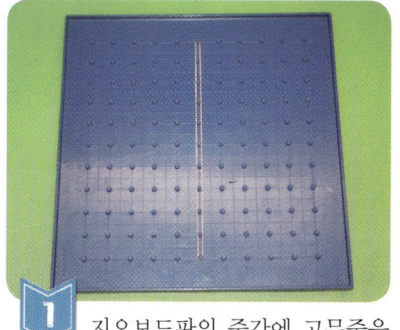 지오보드판의 중간에 고무줄을 걸어 경계선을 만드세요. 이 경계선은 대칭축이 됩니다.

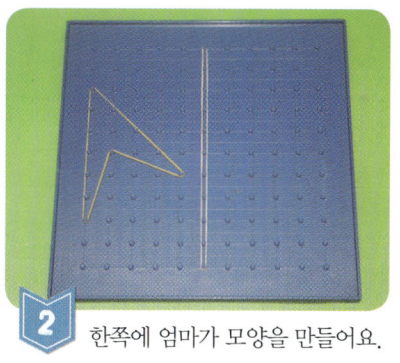 한쪽에 엄마가 모양을 만들어요.

 반대쪽에 아이가 대칭이 되게 모양을 만들어 보세요.

도형 돌리기

 **도형의 회전 익히기**
엄마가 제시한 도형을 오른쪽으로 한 번 돌리기(90도 회전)한 것을 만들어 봐요.

 엄마가 제시한 도형을 오른쪽으로 두 번 돌리기(180도 회전)한 도형을 만들어 봐요.

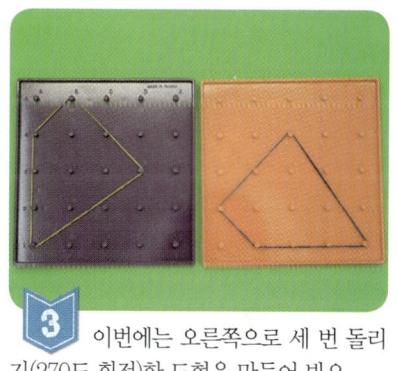 이번에는 오른쪽으로 세 번 돌리기(270도 회전)한 도형을 만들어 봐요.

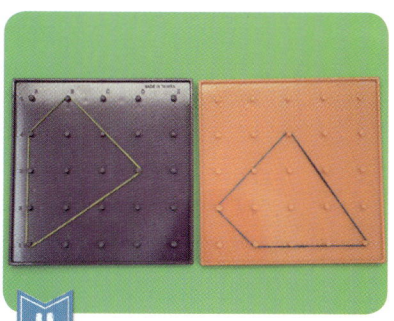 왼쪽으로 한 번 돌리기(왼쪽 90도 회전)도 해 봐요. 오른쪽으로 세 번 돌리기(270도 회전)한 것과 똑같다는 것을 알 수 있어요.

> **Tip 지오보드의 교육적 효과**
> 1. 선으로 도형을 구성해 봄으로써 도형에 대한 친숙함이 생겨요.
> 2. 넓이, 둘레, 길이, 각, 좌표, 대칭, 회전에 대한 수학 학습을 할 수 있어요.
> 3. 삼각형에서 사각형으로, 사각형에서 오각형으로 자유롭게 도형의 변형을 익혀요.
> 4. 수감각, 문제해결력을 익혀 수학 공부의 깊이를 더할 수 있어요.

만들면 원리가 보여요 소마큐브 만들기

도형놀이
6세 이상

소마큐브는 구입해서 사용하셨죠? 오늘은 정육면체 조각을 붙여서 소마큐브를 만들어 봐요. 직접 만들면 소마큐브 조각들이 어떠한 모양으로 구성되어 있는지 입체적으로 관찰할 수 있습니다.

놀이 목표
- 입체도형 알기

교과 연계
- 입체도형의 공간감각

준비물
- 정육면체 27개
- 목공풀

이 놀이는요~

정육면체 3조각 또는 4조각을 붙여 보면서 입체도형의 특징과 공간감각을 키워 줍니다.

1 정육면체 3개를 목공풀로 'ㄱ'자가 되게 붙여 주세요. 이것이 기본 조각입니다. 모두 7개를 만들어 주세요.

2 1번 조각이 완성된 것입니다.

3 기본 조각 아래에 1개의 정육면체를 붙여 2번 조각을 만들어 봐요.

4 기본 조각 위에 1개의 정육면체를 붙이면 3번 조각이 됩니다.

5 기본조각 아래에 오른쪽 옆으로 하나를 붙여 4번 조각을 만들어요.

6 기본조각의 첫 번째 칸 위에 하나를 얹으면 5번 조각이 됩니다.

7 기본 조각의 아래칸 위에 하나를 얹어 6번 조각을 만들어요.

8 기본 조각의 가운데 위에 하나를 얹으면 7번 조각이 됩니다.

9 나만의 소마큐브 7조각이 완성되었습니다!

PART6 수학교구 놀이

수학천재의 첫걸음 ## 소마큐브로 정육면체 만들기

구성놀이
6세 이상

초등 고학년들이 수학에서 가장 어려워하는 영역이 바로 '도형'인데, 소마큐브는 도형 감각을 익히는 데 아주 훌륭한 교구입니다.

놀이 목표
- 입체도형 알기

교과 연계
- 입체도형의 공간감각

준비물
- 소마큐브 1세트

이 놀이는요~

소마큐브로 정육면체를 맞추는 방법은 250가지나 되지만, 처음 소마큐브를 시작하게 되면 250가지 중에 한 가지도 맞추기가 어렵습니다. 그 중에서 한 가지만 익혀 볼까요? 아이 몰래 엄마가 먼저 알고 있으면 더 좋겠지요.

1 소마큐브 일곱 조각의 번호를 먼저 익히면 만들기가 더 쉬워요.

2 2번 조각과 3번 조각으로 '너'를 만들어요.

3 4번 조각을 세워서 빈틈으로 끼워 주세요.

4 1번 조각을 오른쪽에 놓아 주세요.

5 5번 조각을 거꾸로 뒤집어서 왼쪽에 놓아 주세요.

6 6번 소각노 반대도 뒤십어 주세요. 그리고 오른쪽 1번 조각 위에 살짝 얹어 주세요.

7 마지막 7번 조각입니다. 마찬가지로 뒤집은 다음 빈자리에 덮어 주세요.

8 완성입니다. 수고하셨습니다. ^^

예술과 수학의 만남 ## 소마큐브 창의놀이

> 구성놀이
> 6세 이상

수학과 예술은 고대 그리스와 밀접한 연관성을 가지고 있습니다. 소마큐브로 다양한 창의 작품을 만들어 보고 제목도 붙여 보아요.

놀이 목표
- 입체도형 알기

교과 연계
- 입체도형의 공간감각

준비물
- 소마큐브 1세트

이 놀이는요~

교과간 통합 학습을 강조하는 STEAM은 미국의 STEM 교육에서 따온 것으로, 우리나라 교육에서는 Arts의 A를 덧붙여 STEAM을 강조하고 있습니다. 수학교구로 창의력도 길러 보세요.

1 '침대'를 만들어 보세요.

2 멋진 '비행기'를 만들어 보세요.

3 '탑'도 만들어 볼까요?

4 소마큐브로 만든 '뱀'은 물지 않아요.

5 멋진 '전함'도 만들 수 있네요.

6 '벽'을 쌓아 보았어요. 장난감 인형들이 눈싸움을 할 수 있겠죠?

7 '용'이에요. 조심해요. 불을 뿜을지도 몰라요.

8 공주님들 인형놀이에 필요한 '목욕탕'이랍니다.

9 이건 엄마아빠께 선물할 '아파트'예요.

로그인 창의폭발 엄마표 베스트셀러

창의폭발 엄마표 판타스틱 미술놀이
박민재 지음 | 244면 | 값 16,800원 (특별부록: 미술놀이 재료, 만들기 도안)

1년 365일 집에서 아이와 환상적인 미술놀이에 빠지게 해 주는 엄마표 가이드북! 봄부터 겨울까지 계절별로 자연을 만끽하는 놀이, 기념일과 절기의 의미를 되새기는 놀이 등을 제시한다. 유아를 위한 촉감놀이·탐색놀이부터 초등학생을 위한 조형·만들기·디자인까지 광범위하게 담겨 있어 아이가 있는 집이라면 오랫동안 든든한 미술놀이 참고서가 되어줄 것이다.

창의폭발 엄마표 미술놀이
연후맘 지음 | 228면 | 값 12,800원

오감발달과 창의력 향상에 좋은 미술놀이, 이제 엄마표로 해결한다! 따라 하기 쉬운 창의적인 미술놀이로 입소문난 〈연후맘의 미술놀이〉 인기놀이 100개를 실었다. 모든 과정을 요리책처럼 사진으로 보여 주어, 미술에 자신 없는 엄마들도 누구나 쉽게 따라할 수 있다.

창의폭발 엄마표 그리기놀이
천소 지음 | 104면 | 값 12,800원

그림을 그리면 똑똑하고 자신감 있는 아이로 자란다! 누구든 따라만 그리면 예쁘게 완성되는 신기한 그리기 놀이책. 강아지, 고양이, 꽃, 나무, 자동차 등 아이들이 가장 좋아하는 50여 가지 그림을 예쁘게 그리는 법을 소개한다. 도형을 이용해 틀을 잡기 때문에 그림을 쉽고 간단하게 완성할 수 있어 그리기를 처음 시작하는 엄마와 아이도 쉽게 따라할 수 있다.

로그인 인기 놀이도서

창의폭발 엄마표 요리놀이
심진미 지음 | 200면 | 값 12,800원

다양한 재료를 찢고 자르고 뭉치는 요리과정을 통해 소근육과 오감을 발달시키고, 요리를 완성하면서 아이들의 성취감까지 키워 주는 요리놀이 80개를 소개한다. 태극기 케이크, 호떡 눈사람 등 아이들의 상상력을 자극하는 요리가 가득하다.

키짱 몸짱 자신감짱 아빠표 체육놀이
김도연 지음 | 200면 | 12,800원

하루 20분 아이와의 몸놀이, 아이의 인생을 바꾼다. 체력은 기본, 자신감과 리더십까지 키워 주는 아빠표 체육놀이를 손쉽게 따라할 수 있는 아빠 필독 가이드북! 사랑이 커지는 스킨십 놀이, 키 크는 데 도움 되는 놀이 등을 소개한다.

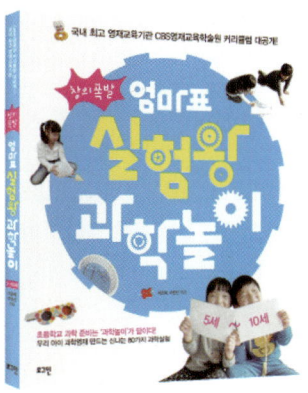

창의폭발 엄마표 실험왕 과학놀이
이조옥 이진선 지음 | 200면 | 값 16,000원

국내 최고 영재교육기관 [CBS영재학술교육원] 커리큘럼 대공개! 대한민국 상위 3%의 영재들만 누릴 수 있었던 프로그램을 한 권의 책에 담았다! 과학을 잘 모르는 엄마도 자녀를 '과학을 좋아하는 아이'로 키울 수 있는 생활 속 과학놀이를 소개한다. '화산폭발', '물을 빨아들이는 컵', '귤껍질 불꽃쇼', '식초로 쓴 비밀편지' 등 할 때마다 집안이 들썩들썩해지는 신나는 과학실험놀이 아이템 80가지를 담았다.

로그인 유아영어 베스트셀러

'영어' 하면 기죽는 보통 엄마들의 고민 끝!
엄마표 생활영어 표현사전
쑥쑥닷컴영어교육연구소(홍현주 외) 저 | 560면 | 22,000원(무료MP3제공)

150만 쑥쑥맘이 열광한 '영어교육' 베스트 1위! How are you?밖에 모르는 영어꽝 엄마도 이 책 한 권이면 365일 아이와 영어로 말할 수 있다. 대한민국 No.1 영어교육 사이트인 『쑥쑥닷컴』이 엄선한 생활회화 8,000문장을 총 46챕터, 400여 개 소주제로 상세히 분류하여 소개하고 있다. '생활영어'에서 '연령별 표현', '과목별 기초표현'까지 이 한 권이면 모두 해결할 수 있다. 또한 본문 전체를 녹음한 총 10시간 분량의 MP3 CD가 함께 제공된다.

초등학생들이 쓰고 싶은 일기 · 독서록 표현 모두 담은
엄마표 영어일기 영어독후감 표현사전
쑥쑥닷컴영어교육연구소(홍현주) 저 | 552면 | 22,000원

영어교육 사이트 《쑥쑥닷컴》이 엄선한 총 5,000개 영어일기 · 영어독후감 표현을 260여개의 소주제로 분류하여 누구나 궁금한 문장을 쉽게 찾을 수 있도록 구성했다. 영어일기 · 영어독후감의 '작성요령'에서 '표현사전'까지 총망라, 처음 영어일기와 영어독후감 쓰기에 도전하는 아이와 부모도 쉽게 활용할 수 있다.

노래가 말이 되는
영어동요 하루Song, 대화Song
이고은(하루Song) · 세히라(대화Song) 지음 | 74면 | 각 권 13,800원 (CD 2장, 스티커, 미니북 포함)

아이의 생활과 관계없는 어려운 영어동요는 이제 그만! 〈하루Song〉은 일어나서 잠들기까지 아이가 하루 동안 겪는 20가지 상황을 노래로 만들었고, 〈대화Song〉은 엄마와 아이가 자주 나누는 대화 패턴을 노래로 만들었다. 노래를 따라 부르다 보면 생활회화 문장이 저절로 입에 붙는 고마운 책!

로그인 엄마표 첫 영어 시리즈

온 가족의 웃음 나는 생활영어 작전!
엄마표 첫 영어 회화 100
홍현주 저 | 235면 | 12,000원(무료MP3제공)

엄마 아빠가 영어를 못해도 우리 아이는 얼마든지 영어 잘 하는 아이로 키울 수 있다. 온 가족이 매일 쓰는 생활 영어 표현이 100가지 상황으로 구성 되어, 거실 탁자, 부엌 식탁에 놓고 일상에서 매일 접하는 주제의 영어 표현을 그때그때 찾아 공부할 수 있다.

100가지 영어놀이로 매일매일 골라노는 재미!
엄마표 첫 영어 놀이 100
마선미 저 | 232면 | 12,000원(무료MP3제공)

영어 싫어하는 아이, 몸이 열 개라도 모자른 엄마를 위해, 이보영 선생님이 추천하는 〈엄마표 영어〉책! 100가지 다양한 영어놀이를 통해 재미와 영어, 두 마리 토끼를 잡을 수 있다. 별다른 준비물 없이도 10분이면 할 수 있어 바쁜 엄마들에게도 안성맞춤이다.

아이들이 꼭 묻는 엉뚱한 영어 표현 총집합!
엄마표 첫 영어 표현사전 100
홍주희 저 | 232면 | 12,000원(무료MP3제공)

'코딱지' '응가' '방귀' '썰렁해'처럼 아이들이 영어를 배울 때 꼭 묻고 궁금해 하는 100가지 영어 표현을 순위별로 정리했다. 하루에 한 장씩, 궁금한 영어 표현을 익히면 아이의 영어 실력도 영어 호기심도 쑥쑥 자랄 것이다.

엄마표 영어유치원 시리즈
첫 영어동화 읽기 ① ② ③
줄리 황 지음 | 84면(1,3권) 110면(2권) | 11,000원(1,3권) 12,000원(2권) (MP3 다운로드 제공)

인기만점 영어동화 10편 엄선! 어린이들이 일상에서 자주 접했던 동화를 통해 영어를 익힐 수 있도록 한 유아용 영어책. 예쁜 그림과 신나는 스토리가 있는 영어동화부터 영어 동요, 영어 놀이 그리고 어린이 동화 전문 성우들이 녹음한 실감나는 MP3 음원까지! 권말에 영어 놀이에 필요한 삽화컷과 등장인물 그림카드를 제공한다.

놀면서 배우는 창의력 발달
명품 조립교구 미코믹

전세계 판매 1위!
전세계 3D퍼즐완구 판매 1위, 전세계 면세점 판매 1위 완구

독일 명품 디자인과 교육의 만남, 그 결정체!
독일 유럽 완구 디자이너 클라우스 미클리츠와 교육전문가들의 합작품

무독성 천연원료 사용!
독일 BASF의 무독성 원료 사용으로 EN71등 세계유럽 안전기준치 통과

창의력을 키워주는 멀티과학놀이!
날것, 탈것, 작업, 여가 4가지의 테마를 대응시켜 생생한 교육효과 제공

감성을 자극하는 컬러테라피!
아이의 감성을 자극하는 풍부한 컬러와 모든 선, 면, 각이 둥근 최적의 촉감제공

CUKIZ Always love kids

미코믹 한국 공식 독점 수입판매원 (주)쿠키즈 www.toytree.co.kr
서울시 양천구 목1동 923-11 범문빌딩 6층 TEL: 02-2653-2600